영혼 없는 작가

"Wo Europa anfängt" by Yoko Tawada
© Yoko Tawada, Konkursbuch Claudia Gehrke
First published in German language: in *Wo Europa anfängt* and in the new edition *Wo Europa anfängt & Ein Gast* by Konkursbuch Verlag Claudia Gehrke, Tübingen, 1991. 1st edition 2014.

Talisman. Essays by Yoko Tawada
© Yoko Tawada, Konkursbuch Claudia Gehrke
First published in German language: *Talisman* by Konkursbuch Verlag Claudia Gehrke, Tübingen, 1996. 10th edition Tübingen 2025.

"Musik der Buchstaben" "Die Eierfrucht" "Die Botin" "Eine leere Flasche" "Die Ohrenzeugin" "Eine Scheibengeschichte" by Yoko Tawada
ⓒ Yoko Tawada, Konkursbuch Claudia Gehrke
First published in German language: in *Überseezungen* by Konkursbuch Verlag Claudia Gehrke, Tübingen, 1st edition 2002.

Korean Translation Copyright ⓒ 2025 by Elle Lit
All rights reserved.
The Korean language edition published by arrangement with
Konkursbuch Verlag Claudia Gehrke through MOMO Agency, Seoul.

이 책의 한국어판 저작권은 모모 에이전시를 통해
Konkursbuch Verlag Claudia Gehrke와 독점 계약한 엘리에 있습니다.
저작권법에 의해 한국 내에서 보호를 받는 저작물이므로
무단 전재와 무단 복제를 금합니다.

영혼 없는 작가
Erzähler ohne Seelen

다와다 요코 지음
Yoko Tawada

최윤영 옮김

엘리

차례

유럽이 시작하는 곳

—— 유럽이 시작하는 곳 9

부적

—— 엄마말에서 말엄마로 41
—— 영혼 없는 작가 50
—— 로텐부르크 옵 데어 타우버: 독일 수수께끼 66
—— 통조림 속의 낯선 것 79
—— "사실 아무에게도 말하면 안 되지만
  유럽은 존재하지 않는다" 86
—— 부적 95
—— 전철에서 책 읽기 102
—— 책 속의 책: 사전 마을 109
—— 사랑의 광물학 138
—— 로포텐에서 쓴 메모들 148
—— 고트하르트의 배 속에서 153
—— 일곱 어머니의 일곱 이야기 161
—— 일요일―쉬는 날, 소의 날 168
—— 귀신들의 소리 173
—— 번역가의 문 또는 첼란이 일본어를 읽는다 188
—— 나무에 대해서 207

해외의 혀들 그리고 번역

—— 글자들의 음악 215
—— 가지 220
—— 심부름꾼 223
—— 빈 병 232
—— 이격자 238
—— 판 이야기 261

옮긴이의 말 265

일러두기
1. 본문 중의 주는 모두 옮긴이 주다.
2. 원서에서 이탤릭체로 강조한 부분은 고딕체로 표기했다.
3. 단행본은 『』로, 시·단편은 「」로, 예술 작품은 〈 〉로 구분했다.
4. 외국 인명 및 지명의 표기는 가급적 국립국어원 외래어표기법을 따르되, 일부는 해당 지역 발음을 따랐다. (예: 실러 → 쉴러, 튀빙겐 → 튀빙엔 등)

유럽이 시작하는 곳

유럽이 시작하는 곳

1

우리 할머니에게 여행이란 낯선 물을 마시는 것이었다. 다른 고장에는 다른 물이 있단다. 낯선 풍경은 두려워해야 할 필요가 없지만 낯선 물은 위험할 수 있지. 할머니네 마을에는 어떤 소녀가 살고 있었는데, 소녀의 어머니는 고칠 수 없는 병을 앓고 있었다. 어머니는 날마다 쇠약해져갔고 외삼촌들은 이미 몰래 장례식 준비를 하고 있었다. 어느 날 소녀가 혼자 나무 아래 뜰에 앉아 있을 때, 하얀 뱀이 한 마리 오더니 말했다. "어머니를 모시고 불새에게 가서 그 불타는 깃을 한 번만 만지시게 하렴. 그러면 어머니는 다시 건강해지실 게다." "불새는 어디에 사는데요?" 소녀가 물었다. "계속 서쪽으로 가거라. 큰 산을 세 개 넘으면 그 뒤에 밝은 빛을 내는 도시가 있는데, 그 도시의 한가운데 높은 탑 위에 불새가 앉아 있단다." "그렇게 먼 곳에 있으면 우리가 그 도시에 어떻게 갈 수 있지요? 사람들 말이 산속에는 괴물이 산다던데요." 뱀이 대답했다. "너는 아무것도 두려워할 필요가 없다. 만약 괴물들을 보면, 다른 사람들 모두 그렇듯 너도 전생에 괴물이었다는 생각만 하면 된단다. 그들을 미워하지 말고 그들과 맞서 싸우지도 말고 계속 뛰어가거라. 다만 한 가지 잊어서는 안 될 것이 있단다. 불새가 사는 도시에 있을 때는 물을 한 방울도 마시면 안 된다." 소녀는 고맙다며 인사를 했고 어머니에게 가서 들은 이야기를 모두 전했다. 다음 날 어머니와 딸은 길을 떠났다. 가는 산마다 괴물을 만났고, 괴물은 녹색, 황색, 청색 불을 내뿜으며 어머니와 딸을 태워버리려고 했다. 그러나 소녀가 자기도 옛날에는 괴물이었다는 생각을 하면 괴물은 매번 땅에서 사라졌다. 아흔아홉 날 동안 숲속을 걸었고, 마침내 그들은 낯선 빛이 밝게 빛나는 도시에 도착했다. 타는 듯한 열기 속 도시의 한가운데에서, 탑 꼭대기에 앉아 있는 불새가 보였다. 너무나 기뻤던 소녀는 뱀의 경고를 잊어버리고 연못의 물을 마셔버렸다. 그 순간 소녀는 아흔아홉 살이 되었고 어머니는 작열하는 공기 속으로 사라져버렸다.

 아직 어린 여자애였을 때는 낯선 물이라는 게 있다는 것을 믿지 않았다. 왜냐하면 나는 늘 지구는 물공이라고, 그 위에서 많은 크고 작은 섬들이 헤엄치고 있다고 생각했기 때문이다. 그러면 물은 어디에서나 똑같아야 한다. 밤이면 잠결에 가끔 일본의 가장 큰 섬 아래를 흐르는, 쏴쏴 하는 물소리가 들렸다. 섬을 둘러싼 경계도 물로 이루어져 있었고 그 경계에서는 항상 파도가 물가를 때렸다. 경계 자체가 물로 되어 있다면, 낯선 물이 시작되는 지점을 어떻게 알 수 있다는 말일까?

2

유니폼을 입은 러시아 선원 세 명이 배의 갑판 위쪽에 서서 작별 음악을 연주했다. 이 음악의 낯선 엄숙함은 문득 내 안의 예사롭지 않은 부분을 건드렸다. 나도 갑판에 나와 서 있었다. 마치 잘못해서 무대로 들어선 연극 관람객의 모양새로. 왜냐하면 내 두 눈은 여전히 부두의 군중 한가운데서 나를 지켜보고 있었기 때문이다. 반면에 나는 눈이 없어 먼 상태로 무기력하게 배 위에 서 있었다. 다른 승객들은 다채로운 색깔의 종이 폭죽*을 항구로 던지고 있었다. 빨간 폭죽은 공중에서 탯줄로 바뀌었다. 이것은 승객들과 그들의 연인 사이를 이어주는 마지막 연결선이었다. 녹색 폭죽은 뱀이 되어, 가는 도중에 십중팔구 잊히기 마련인 경고를 전달했다. 나는 하얀색 폭죽 하나를 공중에 던졌다. 이 폭죽은 나의 기억이 되었다. 사람들은 천천히 멀어져갔고 음악은 멈췄고 하늘은 육지 뒤로 점점 커져갔다. 내 폭죽이 찢어지는 순간 기억은 작동을 멈췄다. 그것이 내가 왜 이 여행에 대해 아는 것이 아무것도 없는지를 말해줄 것이다. 동시베리아 항구까지 배에서 보낸 쉰 시간과 유럽까지 시베리아 횡단 열차를 타고 간 그다음 백육

---

* Luftschlange. 직역하면 "공중의 뱀"이라는 뜻이다.

섭 시간은 내 삶에서 빈 공간이 되었고, 이것은 여행기로 대신할 수밖에 없다.

3

일기에서

배는 해안을 따라 북쪽으로 갔다. 곧 주위가 어두워졌지만 갑판 위쪽에는 승객들이 아직 많이 앉아 있었다. 멀리서 작은 배들의 불빛이 보였다. "어부들이 오징어를 낚고 있네." 내 뒤에 있는 목소리가 말했다. "나는 오징어 안 좋아해. 어렸을 때 사흘에 한 번씩 구운 오징어가 저녁상에 나왔거든. 너희 집도 그랬니?" 다른 목소리가 물었다. "응." 세 번째 목소리가 말했다. "나도 오징어 정말 많이 먹었어. 나는 항상 오징어는 괴물의 자식이라고 생각했어." "넌 어릴 때 어디에 살았니?" 첫 번째 목소리가 물었다.

내 주위에서 나지막하게 속삭이던 목소리들이 서로 겹치면서 커져갔다. 배 위에서는 모두가 소박한 자서전을 쓰기 시작한다. 마치 그러지 않으면 자신이 누구인지 잊어버린다는 듯이 말이다.

"어디로 가시나요?" 내 옆에 앉은 사람 하나가 물었다. "모스크바요." 그는 나를 놀랍다는 듯 쳐다보았다. "우리 부모님이 언제나 말씀하시던 도시를 제 눈으로 한

번 직접 보고 싶어서요." 우리 부모님이 맨날 모스크바에 대해 이야기했던가? 배 위에서는 모두가 거짓말을 시작한다. 그 사람이 너무 충격을 받은 듯 나를 바라봐서 이야기를 이어가지 않을 수 없었다. "원래 모스크바에 별 관심이 있었던 건 아니고 시베리아에는 한번 가보고 싶어요." "시베리아에서 뭘 보고 싶으신데요?" 그가 물었다. "시베리아에는 뭐가 있지요?" "저도 아직 몰라요. 아마도 특별한 것이 하나도 없을지도 모르죠. 그렇지만 제가 시베리아를 관통해 간다는 것이 중요하지요." 말을 하면 할수록 나는 점점 확신이 없어져갔다. 그는 다른 승객에게로 갔고, 나에게는 그 투명한 단어만 통과해 남았다.

4

여행을 떠나기 전 몇 달 동안 학교가 끝나면 저녁마다 식품 공장에 가서 일을 했다. 유럽행 시베리아 횡단 열차 여행을 홍보하는 포스터는 유럽으로 가는 그 한없는 거리를 금액으로 바꾸어놓았다.

공장에서는 고기가 상하지 않도록 공기를 차갑게 유지했다. 나는 "시베리아 추위"라고 부르는 냉기 속에서 냉동 닭고기를 비닐봉지로 싸야 했다. 옆의 작업대에는 뜨거운 물을 담은 양동이가 있어서, 두 손을 가끔 거기에 넣어 녹일 수 있었다.

한번은 냉동 닭 세 마리가 꿈에 등장했다. 나는 어머니가 이 닭들을 프라이팬에 넣는 것을 보고 있었다. 프라이팬이 달구어지자 닭들은 갑자기 살아나 부엌 창문 밖으로 날아갔다. "이러니까 맨날 먹을 게 모자라지." 나는 스스로도 놀랄 만큼 화를 내며 이야기했다. "나보고 뭘 어쩌라고 그러니?" 어머니가 이렇게 묻더니 울었다.

나는 여행을 가기 전에 돈 말고 두 가지를 준비하려고 했다. 러시아어를 배우는 것과 여행기를 쓰는 것. 나는 여행을 떠나기 전에 늘 여행기를 썼다. 여행하는 동안 거기에서 인용을 하려고 말이다. 여행자로서 할 말이 없는 경우가 자주 있었기 때문이다. 여행을 떠나기 전에 여행기를 써두는 게 이번에는 특별히 유용했다. 그러지 않으면 시베리아에 대해 아무것도 할 이야기가 없을 테니까. 물론 일기를 인용할 수도 있다. 그러나 솔직하게 이야기하자면 나는 이 일기를 여행이 끝난 뒤에 지어냈다. 여행 중에 아무것도 쓰지 않았던 것이다.

5

첫 번째 여행기에서
배는 태평양을 떠나 일본을 유라시아 대륙과 분리시키는

바다를 지나갔다. 시베리아 매머드의 흔적이 일본에서 발견되고 나서 먼 옛날에는 일본과 시베리아를 잇는 육지 다리가 있었을 것이라는 주장이 나왔다. 사람들은 아마도 시베리아에서 일본으로 건너간 것 같다. 말하자면 일본은 시베리아의 일부였던 것이다.

배의 도서실에 있는 세계지도에서 시베리아의 아이, 일본을 보았다. 어머니에게 등을 돌리고 혼자 태평양에서 헤엄치고 있었다. 일본의 몸은 일본어로 "용의 잃어버린 아이(타쓰노오토시고)"라고 불리는 해마와 비슷해 보였다.

도서실 옆에 위치한 식당은 하루 종일 비어 있었다. 배는 폭풍이 치는 바다 위를 굴러갔고, 승객들은 침대에 머물렀다. 나는 혼자 식당에 서서 건드리지 않았는데도 이리저리 밀려가는 탁자 위 식기들을 바라보았다. 어린아이였을 때 이미 이렇게 폭풍이 치는 날에 대해 자세히 알고 있었다는 생각이 불현듯 떠올랐다.

6

여행을 끝낸 지 삼 년 뒤에 나는 한 여자에게 이야기했다.

학교에 다닐 때 우리는 자주 글짓기 숙제를 해야 했고, 그중 가끔 "꿈 일기"를 써야 할 때도 있었다. 한번은 빨간 피부를 가진 아버지에 대한 꿈 이야기를 썼다.

아버지는 오사카의 상인 집안 출신이다. 2차 세계대전 이후에 그는 자명종이 든 짐 꾸러미 하나만 가지고 도쿄로 왔다. 아버지가 "혁명의 수탉"이라 부른 이 자명종은 곧 멈춰버렸지만 바로 그래서 하루에 두 번 정확한 시각을 가리켰다. 어차피 매일 두 번은 와야 하는 시각이었다. "시간은 저절로 혼자서 간다. 그래서 자명종이 필요없어." 아버지는 고장난 자명종의 편을 들었다. "나중에 때가 되면 이 도시는 억압받는 사람들의 소리로 가득 차서 자명종 소리를 듣지 못할 거야." 아버지가 왜 고향을 떠났느냐고 물으면 친척들은 매번 적대적인 어조로 이렇게 말했다. "빨갱이 병에 전염이 돼서." 나는 이 말을 들을 때마다 빨갛게 감염된 피부가 떠올랐다.

사람들이 산보를 많이 가는 아주 큰 광장이 있었다. 어떤 사람들은 머리가 하얗고 어떤 사람들 머리는 녹색이나 금색이었지만 피부는 모두 다 빨간색이었다. 피부를 가까이 들여다보니 그들의 피부는 부어오른 것이 아니라 빨간색 펜으로 글자가 쓰인 것이었다. 나는 그 텍스트를 읽을 수가 없었다. 아니다. 그것은 텍스트가 아니라 겹쳐 쓰인 달력이었다. 나는 하늘에 뜬 수없이 많은 별들을 보았다. 탑의 꼭대기에는 불새가 앉아서 광장을 지켜보고 있었다.

나는 그것이 "모스크바"였음이 틀림없다고 썼다. 선생님은 내가 지어낸 꿈 이야기인 줄 모르고 칭찬을 해주었다. 그러나 꿈치고 지어내지 않은 것이 있을까?

훨씬 뒤에 나는 서유럽의 몇몇 좌파들은 이 꿈속의 도시를 다른 이름으로 부른다는 것을 알았다. 바로 베이징이었다.

7

일기에서

배는 동시베리아의 작은 도시 나홋카에 도착했다. 땅이 발밑에서 흔들거리는 것 같았다. 국경, 그 바다를 지났다는 느낌이 들자마자 벌써 내 눈앞에서는 만 킬로미터나 되는 철로가 시작되고 있었다.

기차에 오른 것은 밤이었다. 침대가 네 개 있는 칸에 앉아 있는데, 내 뒤로 두 명의 러시아인이 들어왔다. 러시아 여자인 마샤는 절인 버섯을 먹어보라고 주더니, 어머니를 방문하러 모스크바에 가는 길이라고 했다. "내가 결혼을 해서 나홋카에 산 다음부터 우리 어머니는 시베리아 저 뒤에 계세요." 시베리아가 여기와 저기의 경계구나,

라고 생각했다. 우와, 얼마나 넓은 경계인지!

　　　　나는 침대에 엎드려 창밖을 내다보았다. 수천 그루 자작나무의 윤곽 위로 보이는 수없이 많은 별들이 금방이라도 떨어질 것만 같았다. 나는 가방에서 작은 공책을 꺼내 글을 썼다. 아기였을 때 나는 멕시코 해먹 안에서 자고 있었다. 부모님이 이 해먹을 구해 왔는데, 낭만적이라서가 아니고 집이 너무 좁아 나를 위한 공간이 공중밖에 없었기 때문이다. 방에는 벽마다 천장 끝까지 높이 쌓아놓은 칠천 권의 책 이외에는 아무것도 없었다. 밤이면 이 책들은 나뭇잎이 서로 겹겹이 얽힌 채 자라난 나무들로 변했다. 트럭이 집 밖을 지나갈 때면 나의 멕시코 해먹은 그 숲에서 그네처럼 흔들렸다. 그러나 자주 발생하는, 작은 지진이 날 땐 흔들리는 집 한가운데서도 미동조차 하지 않았다. 마치 보이지 않는 실로 해먹과 지하의 물이 연결되어 있는 것 같았다.

8

일기에서

첫 태양이 시베리아에서 떠오르자 끝없이 줄지어 있는 자작나무들이 눈에 들어왔다. 아침 식사 후 풍경을 묘사해보려 했는데 잘되지 않았다. 창문에 달린 작은 커튼은 극장의 영사막과 비슷해 보였다. 맨 앞줄에 앉아 있어서 영사막의 화면은 너무 가까이 또 너무 크게 보였다. 풍경의 단면은 계속 바뀌면서 반복되었지만, 나를 그 안에 받아들여주진 않았다. 나는 시베리아 동화 모음집을 읽기 시작했다.

   오후에 차를 마시면서 창밖을 다시 내다보았다. 자작나무, 온통 자작나무밖에 없었다. 두 번째 잔을 마실 때는 마샤와 대화를 나누었는데, 시베리아의 풍경이 아니라 모스크바와 도쿄 이야기였다. 마샤는 금방 다른 칸으로 갔고 나는 혼자서 창가에 남았다. 곧 심심하고 피곤해졌다. 얼마 지나자 심심한 것이 편해졌다. 자작나무는 시야에서 사라졌지만 형상 없는 꿈속처럼 거듭거듭 되돌아왔다.

9

첫 번째 여행기에서

시베리아(Sibirien, 타타르어로 "Sib"는 "자다"를, "ir"는 "땅"을 뜻한다), 잠자는 땅은 자지 않는다. 그래서 왕자가 땅을 깨우는 키스를 하러 여기까지 올 필요는 전혀 없었다. (그는 유럽의 동화에서 왔다.) 그러면 그는 보물을 찾으러 왔나?

   우주의 창조자가 지구에서 보물들을 나누어주면서 시베리아 위를 날아다닐 때, 추위에 바들바들 떨다가 두 손이 곱아드는 바람에 들고 있던 보물과 금속을 떨어뜨려버렸다. 그는 이 보물이 사람들 눈에 띄지 않도록 시베리아를 영원한 서리로 덮어버렸다.

때는 8월이었고, 창조자의 두 손을 곱아들게 한 추위는 느껴지지 않았다. 내 책에 등장하는 시베리아의 부족들 역시 보이지 않았다. 왜냐하면 시베리아 횡단 열차는 러시아인이 사는 구역만 지나갔기 때문이다. 이는 정복의 잔재이며, 유럽을 길게 늘여놓은 좁은 선에 불과하다.

10

여행을 끝낸 지 삼 년 뒤 나는 한 여자에게 이야기했다.

모스크바는 나에게는 결코 도착할 수 없는 도시였다. 내가 세 살이었을 때 모스크바 예술 극단이 처음으로 도쿄에 와 공연을 했다. 우리 부모님은 체호프의 〈세 자매〉 입장권을 사기 위해서 한 달 치 월급의 절반을 썼다.

세 자매 중 하나인 이리나가 그 유명한 대사 "모스크바로, 모스크바로, 모스크바로……"를 말했을 때, 이 목소리는 우리 부모님 귀에 깊숙이 박혀서 그 이후로 부모님의 입에서도 가끔 튀어나왔다. 세 자매도 모스크바에는 끝내 다다르지 못했다. 이 도시는 무대 뒤편에 있었음이 틀림없다. 그러니까 우리 부모님과 그 꿈의 도시 사이에 놓여 있었던 것은 시베리아가 아니라 극장의 무대였던 것이다.

어쨌든, 그 당시 종종 일거리가 없는 실업자 신세였던 우리 부모님은 이 말을 가끔 인용했다. 아버지가 출판사를 설립하겠다는 비현실적인 계획을 말하면 어머니는 웃으면서 이야기했다. "모스크바로, 모스크바로, 모스크바로……" 어머니가 마치 다시 한 번 어린아이가 될 수 있기나 한 듯 자신의 어린 시절 이야기를 하면 이번에는 아버지가 똑같은 말을 했다. 나는 물론 부모님이 무슨 뜻으로 이 말을 했는지는 모른다. 그러나 이 말이 뭔가 불가능하다는 것과 상관이 있음을 어렴풋이 느꼈다. 모스크바라는 말은 항상 세 번 반복되었기 때문에 나는 이것이 마법의 말이 아니라 도시 이름이라는 것을 몰랐다.

11

일기에서

나는 승무원이 건네준 잡지를 뒤적였다. 사진들에는 시베리아의 현대식 병원과 학교가 찍혀 있었다. 기차는 울란우데의 큰 정거장에 섰다. 처음으로 기차 안에 러시아 사람이 아닌 얼굴들이 많이 보였다.

나는 잡지를 옆에 내려놓고 책을 집어 들었다.

퉁구스 동화였다.

옛날에 한 샤먼이 살았는데 이 남자는 모든 죽은 자를 깨울 수 있어서 한 사람도 죽지 않도록 했다. 그런 만큼 그는 신보다 더 강한 존재였다. 신은 그런 그에게 경쟁을 제안했다. 샤먼은 신이 준 두 조각의 닭고기를 가지고 마법의 주문을 외워 산 닭으로 만들어야 했다. 이 일을 해내지 못하면 그는 신보다 강한 자가 아니게 된다. 첫 번째 조각은 마법의 주문을 듣자 닭으로 변해 날아갔다. 그런데 두 번째 조각은 그러지 못했다. 그 이후로 사람들은 죽게 되었다. 대개 병원에서 말이다.

왜 샤먼은 두 번째 조각을 닭으로 변하게 만들지 못했을까? 두 번째 조각은 첫 번째와 달랐나? 아니면 이 "둘"이라는 숫자가 샤먼에게서 신통력을 빼앗아갔나? 나는 이 둘이라는 숫자가 왠지 모르게 항상 불안하다.

나는 한 샤먼을 만났다. 시베리아가 아니라 훨씬 나중에 유럽의 민속박물관에서였다. 그는 유리 상자 안에 있었고 그의 목소리는 좀 낡은 카세트 플레이어에서 나오고 있었다. 그의 목소리는 정말 기이하게 떨렸고 인간의 몸에서 나오는 소리보다 더 컸다. 마이크는 목소리의 마력을 증폭시키는 불꽃을 모방한 것이라 할 수 있다.

샤먼들은 보통 세계의 세 가지 영역을 자유롭게 오갈 수 있다. 즉 그들은 세계나무를 오르내리면서 하늘과 죽은 자들의 영역에 갈 수 있다. 그러나 나의 샤먼은 이 세 가지 영역 가운데 하나가 아니라 네 번째 영역, 즉 박물관에 있었다. 넷이란 숫자는 그의 마력을 완전히 빼앗았다. 그의 얼굴은 공포로 굳어 있었고, 그의 반쯤 열린 입은 말라붙었고, 그의 그려진 눈에서는 아무런 불도 타오르지 않았다.

12

첫 번째 여행기에서

나는 식당 칸에서 오물(Omul')이라 불리는 생선을 먹었다. 바이칼 호수에는 바다의 생선 종류보다 더 많은 종류의 생선이 있다고 내 맞은편에 앉아 있는 러시아 교사가 말해주었다. 바이칼은 옛날에는 바다였다고도.

그러나 이 대륙 한가운데에 바다가 존재하는 것이 가능할까? 아니면 바이칼은 대륙에 뚫려 있는 구멍일까? 그러면 지구는 물공이라는 나의 어린 시절 상상이 맞는 것일 테다. 바이칼의 물은 곧 물공의 표면인 셈이다. 물고기는 물을 통해 공의 다른 편까지 가볼 수도 있다.

그렇게 해서 내가 먹은 오물은, 그날 밤 마치 마침내 자기의 여행을 끝낼 장소를 찾으려는 것처럼 내 몸 안에서 헤엄쳤다.

13

 옛날에 두 형제가 살고 있었는데, 어머니는 러시아 화가였고 혁명기 중에 도쿄로 이민을 와서 그곳에서 죽 살았다. 어머니는 여든 살이 되던 해 죽기 전에 고향인 모스크바를 다시 한 번 가보고 싶다고 했다. 아들들은 비자를 만들고 어머니와 함께 시베리아 횡단 열차에 탔다. 그러나 셋째 날 해가 시베리아에 뜬 날 어머니는 기차 안에 있지 않았다. 형제들은 첫 번째 칸부터 마지막 칸 열차까지 샅샅이 뒤졌지만 어머니는 찾지 못했다. 열차 승무원은 삼 년 전 밤에 열차 문을 화장실 문으로 착각하고 열었다가 기차에서 떨어진 어떤 할아버지 이야기를 했다. 형제는 특별 비자를 얻어서 지역 열차를 타고 왔던 길을 되돌아갔다. 서는 역마다 내려서 어머니를 본 사람이 있는지를 물어보고 다녔다. 아무런 흔적도 찾지 못하고 한 달이 지나갔다.

    여기까지는 기억이 나는데, 그다음에는 잠이 든 것이 틀림없다. 어머니는 내게 자주 이야기를 읽어주었는데, 이야기들은 잠이 들 때까지 나를 너무나 풍족하게 채워주어 깨어난 시간은 이와 비교하면 아무런 색채도 힘도 없었다. 이 이야기의 뒷부분은 한참 뒤에 도서관에서 우연히 읽었다.

    늙은 화가는 기차에서 떨어졌을 때 과거의 기억

을 잃어버렸다. 그녀는 자기가 어디에서 왔는지 무엇 때문에 왔는지 기억하지 못했다. 그래서 너무나 친근하게 느껴지는 시베리아의 한 작은 마을에 머물렀다. 그러나 기차가 오는 소리가 들리는 밤이면 마음이 불안해졌고, 그러면 그녀는 혼자서 어두운 숲을 지나 마치 누군가가 부르기라도 한 것처럼 기찻길까지 가보기도 했다.

14

생애 절반을 침대에서 보낸 할머니처럼, 나의 어머니도 어렸을 때 늘 아팠다. 어렸을 때 절에서 살았던 어머니는 매일 아침 다섯 시면 그 절의 주지 스님인 외할아버지가 제자 승들과 함께 올리는 기도 소리를 들었다.

하루는 어머니가 나무 밑에 혼자 앉아 소설을 읽고 있는데 절에 온 대학생이 다가와 늘 그렇게 두꺼운 책을 읽느냐고 물어보았다. 어머니는 자기는 책을 읽는 것 이외에는 아무런 할 일이 없고 그래서 죽을 때까지 다 못 읽는 긴 소설이 가장 읽고 싶다고 바로 대답했다.

그 학생은 잠시 생각에 잠기더니, 모스크바의 어느 도서관에 가면 소설책이 하나 있는데 너무나 길어서 평생 걸려도 절대로 끝까지 다 못 읽는다고 이야기해주었다. 소설은 길이가 길 뿐만 아니라 내용이 수수께끼 같고 시베리아의 숲처럼 지혜로 가득 차 있어서 한번 이 소설 안에 들어가면 전부 길을 잃고 다시는 밖으로 나오지 못한다는 것이다. 그 이후로 모스크바는 어머니에게 꿈의 도시가 되었다. 어머니에게 그 도시는 붉은 광장이 아니라 도서관이 중심인 도시였다.

  이것이 어머니가 나에게 들려준 어린 시절 이야기였다. 어린 소녀였을 때 나는 모스크바에 있다는 끝없이 긴 소설에 대해서도 믿지 않았고, 우리 아버지일 수도 있는 그 대학생 이야기도 믿지 않았다. 왜냐하면 어머니는 거짓말을 잘했고 또 거짓말을 좋아해서 자주 했기 때문이다. 다만 책의 숲에서 책을 읽는 어머니를 볼 때면 어머니가 어느 날 책 속으로 사라질까봐 겁은 났다. 어머니는 절대 책을 급하게 읽지 않았다. 이야기가 긴장이 되면 될수록 더 천천히 읽었다.

  원래 어머니는 어느 곳에도 도착하고 싶어하지 않았고, "모스크바"에도 마찬가지였다. 어머니는 그보다 "시베리아"를 훨씬 좋아했다. 아버지의 경우는 모든 것이 달랐다. 아버지도 비록 모스크바에는 가보지 못했지만, 유산을 물려받은 뒤 자신의 꿈의 도시 이름을 딴 출판사를 세웠다.

15

일기에서

복도에 남자 몇 명이 서서 향이 아주 독한 담배를 피우고 있었다. 담배 이름은 "스톨리카(수도)"였다.

"모스크바까지는 얼마나 더 가야 하나요?" 나는 손자와 같이 창밖을 내다보고 있는 할아버지에게 물어보았다. "사흘 더요." 대답을 해준 그분은 깊은 주름살 가운데 있는 눈으로 미소를 지어주었다. 사흘 뒤면 정말 시베리아를 관통해서 유럽이 시작하는 곳에 도착하게 될까? 나는 갑자기 모스크바에 도착한다는 것이 겁나기 시작했다.

"베트남에서 왔어요?" 할아버지가 물었다. "아니요. 도쿄에서 왔어요."

손주는 나를 쳐다보더니 자기 할아버지에게 물었다. "도쿄는 어디에 있어요?" 그 할아버지는 손자의 머리를 쓰다듬더니 나지막하지만 분명하게 말해주었다. "동쪽에." 아이는 입을 다물고 잠시 허공을 쳐다보았다. 마치 거기에 도시가 보이는 것처럼 말이다. 아이가 결코 가볼 일이 없을 그 도시가.

내가 아이였을 때도 저런 질문을 던진 적이 있었던가? — 베이징은 어디에 있어요? — 서쪽에. — 바다 뒤 동쪽에는 무엇이 있나요? — 미국이 있단다.

나의 지구는 낯선 고장들이 폭죽처럼 번쩍거리는 밤하늘 같았을 것이다. 확실히 둥글지는 않았다.

16

밤에 잠에서 깼다. 비가 창문을 조용히 두드리고 있었다. 기차는 속도를 점점 늦추었다. 나는 창밖을 바라보았고 어둠 속에서 무엇인가를 알아보려고 애를 썼다……

기차가 멈추었지만 역은 보이지 않았다. 자작나무의 윤곽이 점점 분명해지고 껍질 색이 점점 밝아지더니, 나무들 사이에서 불쑥 그림자 하나가 움직였다. 곰인가? 많은 시베리아 부족들이 곰의 뼈를 묻으며 부활을 빈다는 이야기가 기억났다. 막 부활한 곰이었나?

그림자가 점점 가까이 다가왔다. 그것은 곰이 아니라 사람이었다. 얼굴 절반이 젖은 머리카락으로 뒤덮인 마른 사람의 형체가 두 팔을 앞으로 내밀고 점점 가까이 왔다. 왼쪽에서 랜턴 세 개가 불빛을 비추었다. 형체의 얼굴이 잠깐 반짝 드러났다. 그것은 어떤 할머니였다. 할머니는 눈을 감고 입을 연 채 마치 비명을 지르려는 것 같았다. 할머니는 자기 몸 위에 떨어진 랜턴 불빛을 느끼자, 몸을 움찔하더니 숲으로 사라졌다.

이것은 내가 여행을 하기 전에 써서 어머니에게

읽어주었던 소설의 한 부분이다. 이 소설에서 나는 내 어머니를 위한 돌아오는 비밀 길을 만들어두지 않았다. 왜냐하면 모스크바에 있다는 예의 그 소설과 반대로 이 소설은 전혀 길지 않았기 때문이다.

"이 소설이 이렇게 짧은 것도 이상하지 않지." 어머니가 말했다. "이런 여자가 나오면 소설은 대개 그 여자가 죽는 것으로 금방 끝나거든." "왜 그 여자가 죽어야 하는데요. 그 여자가 시베리아예요."

"왜 시베리아가 여자이지? 너는 네 아버지와 똑같아. 아버지나 너나 머릿속에 한 가지 생각밖에 없구나. 모스크바로 간다는 생각." "엄마는 왜 모스크바에 안 가는데요?" "내가 가면 아버지나 너나 영원히 도착을 하지 못하니까. 내가 여기에 머물러 있기 때문에 너희가 거기에 도착할 수 있는 거야." "그러면 나도 거기에 안 가고 여기에 계속 있을래요." "너무 늦었어. 너는 이미 길을 떠났다."

17

부모님께 드리는 편지에서
유럽은 모스크바에서 시작하는 것이 아니라 그보다 먼저 시작해요. 창밖으로 사람 높이의 표지판이 보였는데, 거기에 화살이 두 개 그려져 있고 아래에 각각 "유럽"과 "아시아"란 단어가 쓰여 있었어요. 그 표지판은 들판 한가운데에 세관원처럼 외롭게 서 있었지요.

"우리 벌써 유럽에 왔어." 나는 기차 칸에서 차를 마시는 마샤에게 소리를 질렀어요.

"맞아, 우랄산맥을 지나면 벌써 유럽이야." 마샤는 마치 별일 아니라는 듯이 무심하게 대꾸하고 차를 계속 마셨지요.

나는 기차에서 나를 빼놓고 유일하게 외국인인 프랑스 사람에게 가서 유럽은 모스크바에서 시작하지 않는다고 말해주었어요. 그는 잠깐 웃더니 모스크바는 유럽이 아니라고 말했어요.

18

첫 번째 여행기에서
승무원이 내 몫의 보르시*를 탁자에 내려놓더니 옆에서 마트료시카 나무 인형을 가지고 노는 사샤에게 미소를 지어주었다. 사샤는 인형의 배에서 둥근 여자 농부 인형을 꺼냈다. 작은 인형은 바로 분리되어 나왔고 — 예상했던

---

* 홍당무를 주재료로 하는 러시아식 수프. 일본에서는 '보르시치'로 불린다.

놀라움이지만—그 작은 인형의 배에서 더 작은 인형을 꺼냈다. 내내 미소를 지으면서 아들을 보고 있던 사샤의 아버지는 나를 보더니 말을 걸었다. "모스크바에 가시면 기념품으로 마트료시카를 하나 사세요. 이게 진짜 러시아 장난감이에요."

많은 러시아인들은 이 "진짜 러시아" 인형이 19세기 말에야 일본의 옛 인형들을 본떠서 처음 만들어졌다는 것을 모른다. 어떤 인형이 마트료시카의 본이 되었는지는 나도 잘 모른다. 어쩌면 할머니가 옛날에 이야기해준 코케시였을지도 모른다. 바닥이 없는 가난 때문에 고통받던 아주 오래전 옛날 시골에서 여자들은 아이를 낳으면 바로 죽였다. 이때 죽은 아이 한 명 한 명을 위해서 코케시라는 나무 인형을 만들었는데, 이 말은 "아이를-사라지게-만들다"라는 뜻이다. 이 인형 덕에 사람들은 그들이 아이들을 희생시키고 살아남았다는 것을 결코 잊지 않았다. 마트료시카는 나중에 어떤 이야기와 연관 지어질 수 있을까? 아마도 사람들이 기념품이 뭔지를 모르게 되는 즈음에 기념품 이야기와 연관 지어지지 않을까?

"모스크바에서 마트료시카를 사려고요." 나는 사샤의 아버지에게 말했다. 사샤는 다섯 번째 인형을 꺼내더니 또다시 분리하려고 했다. "아니야, 사샤. 그게 제일 작은 거야." 아버지가 말했다. "자, 이제 이것들을 전부 다시 집어넣어야 해."

놀이는 이제 거꾸로 진행되었다. 가장 작은 인형은 그다음 인형 속으로 사라지고 그것은 그다음으로, 그다음으로 그렇게 계속 사라졌다.

꿈속에서 우리의 영혼은 동물이나 그림자나 인형으로 나타날 수 있다. 그런 이야기를 어떤 샤먼에 관한 책에서 읽은 적이 있다. 마트료시카는 아마도 시베리아에서 깊은 잠에 빠져 수도에 대해 꿈을 꾸는 러시아 여행자의 영혼일 것이다.

19

사모아의 동화를 한 편 읽었다.

옛날에 작은 마을이 있었는데, 거기에 일곱 부족이 일곱 천막을 짓고 살았다. 길고 힘든 겨울에 남자들이 사냥을 가면, 여자들은 아이들과 함께 천막 안에 앉아 있었다. 그들 가운데 자기 아이를 유달리 예뻐하는 한 여자가 있었다. 어느 날 그 여자는 아이와 함께 불 앞에 바싹 앉아 몸을 덥히고 있었다. 갑자기 화덕에서 불꽃이 하나 일어나 아이의 살갗에 내려앉았다. 아이가 울기 시작했다. 여자는 불에다 대고 욕을 했다. "나무를 먹으라고 주었더니 내 아이에게 울음을 주는구나! 이런 경우가 어디 있어! 물을 끼 없을 거야!" 그녀는 물을 부어 불을 껐다.

천막이 추워지고 어두워졌다. 아이가 다시 울기 시작했다. 여자는 다른 천막으로 가서 새 불씨를 가져오려고 했다. 그러나 천막을 들어서자마자 그 불 역시 꺼졌다. 그다음 천막으로 갔지만 똑같은 일이 일어났다. 그렇게 일곱 개의 불이 전부 꺼지고 마을은 깜깜하고 추워졌다.

"우리 곧 모스크바에 도착하는 거 알아요?" 마샤가 물었다. 나는 고개를 끄덕이고 계속 책을 읽었다.

무슨 일이 일어났는지를 들은 아이의 할머니가 여자의 천막으로 와서 화덕 앞에 쪼그리고 앉아 그 안을 깊숙이 들여다보았다. 화덕 안에는 아주아주 늙은 여인이 앉아 있었다. 불을 다스리는 여신이었다. 이마가 피투성이였다. "무슨 일이 있었습니까? 우리가 무얼 어떻게 해야 할까요?" 할머니가 물었다. 여신은 깊고 어두운 목소리로 물 때문에 자기 이마가 찢겼고 사람들이 아이의 심장에서 불이 일으켜진다는 것을 잊지 않기 위해서 여자의 아이를 제물로 바쳐야 한다고 말했다.

"창밖을 봐요! 모스크바예요!" 마샤가 소리쳤다. "보여요? 모스크바라고요!"

"무슨 짓을 한 게냐?" 할머니가 여자에게 말했다. "마을 전체가 너 때문에 불을 잃어버렸다. 너는 아이를 제물로 바쳐야 해. 그러지 않으면 우리 모두 추워서 얼어 죽을 게야!" 아이의 어머니는 절망적으로 울어댔다. 그러나 아무것도 바꿀 수 없었다.

"창밖을 봐요! 드디어 다 왔어요!" 마샤가 소리를 질렀다. 기차가 속도를 늦췄다.

아이가 화덕에 눕혀졌을 때 아이의 심장에서 불꽃이 나와서, 마치 불새가 마을에 내려앉은 것처럼 마을 전체가 환해졌다. 불꽃 속에서 불의 여신이 보였다. 여신은 아이를 두 손으로 안고, 함께 빛 속 깊숙이 사라졌다.

20

기차가 모스크바에 도착했다. 인투리스트*의 여자 직원이 오더니 내 비자가 유효하지 않아서 바로 돌아가야 한다고 말했다.

프랑스 남자가 내 귀에 대고 속삭였다.

"여기 남겠다고 크게 소리 질러요." 나는 기차역의 담이 무너질 만큼 크게 소리를 질렀다. 폐허 뒤로 아주 낯익은 도시가 보였다. 도쿄였다. "더 크게 소리를 질러요. 안 그러면 모스크바를 결코 볼 수 없을 거예요!" 프랑스 사람이 말했지만, 목이 타고 목소리가 맛이 가서 더 이상은

---

* 소비에트에서 국영으로 운영했던 국외 여행 안내소.

유럽이 시작하는 곳

소리를 지를 수가 없었다. 기차역 한가운데에서 연못이 보이자 나는 내가 정말 참을 수 없는 갈증을 느낀다는 것을 깨달았다. 나는 연못의 물을 마신 뒤 배가 아파와서 바로 땅바닥에 누웠다. 내가 마신 물은 배 속에서 점점 불어나서 큰 물공이 되었다. 이 물공 위에는 도시의 이름이 수천 개 쓰여 있었다. 나는 그들 사이에서 시베리아를 발견했다. 그러나 공은 벌써 돌기 시작하면서 이름들이 서로서로 합쳐졌다. 그 이름들을 이제는 도대체 읽을 수가 없었다. 나는 시베리아, **그녀**를 잃어버렸다. "그 여자 어디에 있지? 어디에 있지?" 내가 묻자 배 속의 목소리가 말했다. "여기에 있어. 안 보이니?" "물속으로, 우리한테 와!" 내 배 속에서 다른 목소리가 소리를 질렀다.

나는 물로 뛰어들었다.

거기에는 높은 탑이 있었고 탑에는 낯선 빛이 환하게 밝혀져 있었다. 꼭대기에는 불새가 앉아 불꽃처럼 빛나는 글자들을 뱉어냈다. M, O, S, K, A, U.* 그러더니 이 글자들이 변했다. M은 엄마(Mutter)가 되어 내 배 속에서 나를 다시 한 번 낳았다. O는 오물(Omul')이 되어 해마(Seepferdchen)와 같이 헤엄을 쳤다. K는 공(Kugel), 물공

---

* 모스크바의 독일식 명칭.

이 되었다. U는 이미 오래전에 괴물(Ungeheuer)로 변했는데 어딘지 낯이 익었다.

　　　　A는 어떻게 되었을까? A는 내가 한 번도 먹어본 적이 없는 낯선 과일, 사과(Apfel)가 되었다. 할머니가 나에게 낯선 물을 먹지 말라는 뱀의 경고를 들려주지 않았던가? 그러나 과일은 물과 다르다. 내가 왜 낯선 과일을 먹으면 안 되나? 나는 사과를 베어 물고 즙이 많은 그 과육을 삼켰다. 그 순간 어머니, 오물, 해마, 공, 괴물이 눈앞에서 사라졌다. 이제 사방은 조용해지고 추워졌다. 시베리아가 그렇게 추웠던 적은 한 번도 없었다.

　　　　나는 깨달았다. 내가 유럽의 한가운데 있다는 것을.

부적

엄마말에서 말엄마로

독일로 온 첫해에 나는 날마다 충격을 너무 많이 받아 이를 추스르느라 아홉 시간 이상씩 잠을 잤다. 사무실의 흔한 일상이 나에게는 모두 수수께끼의 연속이었다. 나는 사무실에서 일하는 여느 보통 사람들처럼 다양한 필기구들로 둘러싸여 있었다. 그렇기 때문에 새 환경이 처음에는 그리 낯설게 느껴지지 않았다. 독일의 연필은 일본의 연필과 거의 다르지 않았다. 그러나 이제 연필을 일본어 "엔피쓰"가 아니라 독일어 "블라이슈티프트(Bleistift)"라고 부른다. "블라이슈티프트"라는 단어는 내가 완전히 새로운 물건을 다룬다는 느낌을 주었다. 연필을 이 새 이름으로 불러야 했을 때 나는 살짝 부끄러웠다.

   이 감정은 이제까지 잘 알고 있던 사람을 결혼 후 새로운 성(姓)으로 불러야 하는 일에 비유할 수 있을 것이다. 곧 나는 엔피쓰가 아닌 블라이슈티프트로 글을 쓰는 데 익숙해졌다. 그때까지는 나와 연필의 관계가 언어로 맺어진 관계였다는 것을 미처 깨닫지 못했다.

   어느 날 나는 여자 동료 한 명이 연필에 대고 욕을 하는 것을 들었다. "이런 밥통 같은 연필을 봤나! 얘가 돌았나봐! 오늘은 도대체 쓸 생각이 없네!" 그 동료가 연필을 깎아 무엇을 쓰려고 하면 연필심이 툭툭 부러져 나갔던 것이다. 그렇다고 해도 일본어에서는 이런 식으로 연필을 사람처럼 취급하며 말하지 않는다. 연필은 밥통일 수도 없고 돌 수도 없으니 말이다. 일본에서는 사람을 대하듯 연필에 대고 욕을 하는 것을 들어본 적이 없다.

　　　나는 이것이 아마도 독일식 애니미즘일 것이라고 생각했다. 처음엔 그 동료가 단순히 화가 나서 과장 섞어 농담을 한 건지 아니면 말처럼 정말로 그만큼 화가 났는지 알 수가 없었다. 나로서는 그런 사소한 사물에 대해 그렇게 강한 감정을 느낀다는 것이 도무지 납득이 되질 않았기 때문이다. 나는 살면서 필기도구에 대해 그토록 격한 감정을 느껴본 적이 없었다. 그러나 그 동료가 ─ 내 판단으로는 ─ 농담으로 그렇게 말한 것 같지는 않았다. 그녀는 정색을 하고 연필을 휴지통에다 내던졌고 새 연필을 집어 들었다. 휴지통에 내버려진 그 연필은 불현듯 이상하게도 살아 있는 생물처럼 느껴졌다.

　　　그 여자와 연필 사이에 있던, 나에게 낯설어 보인 관계의 바탕에 놓여 있던 것은 바로 독일어였다. 독일어로 말을 할 때 연필은 그 여자에게 대들 가능성을 품고 있었다. 그녀의 입장에서는 연필을 다시 자신의 통제하에 두기 위해 연필에 대고 욕을 퍼부을 수 있었다. 연필은 아무 말 없이 계속 묵묵히 견뎌야 했던 반면 여자는 연필에 대해 말할 수 있다는 것, 이것이 바로 여자가 가진 권력을 보여준다.

　　　아마도 그녀는 이 권력관계를 더 확실히 하려고

연필을 욕했는지도 모른다. 연필로 뭘 더 쓸 수 없었던 그 순간에 마음이 매우 불편했으니 말이다. 그 이유가 계속 부러지는 연필심에 있는지 아니면 자신의 상상력이 부족한 데 있는지와 관계없이 사람은 갑자기 더 이상 뭔가 쓸 수 없게 되면 낙담을 하게 된다. 그러면 말 못 하는 연필에 대고 욕을 해서 글 쓰는 사람으로서의 위상을 다시 찾아야 하는 것이다. 아쉽게도 애니미즘은 아니었다.

그럼에도 그 여자가 연필에 대고 욕을 했을 때 문득 연필이 살아 있는 생명체처럼 느껴졌다. 연필은 또 남자로 느껴졌는데, 독일어에서 그것은 **남성** 명사이기 때문이다. 일본어에서는 단어들이 성(性)을 갖고 있지 않다. 명사는 ─ 수사처럼 ─ 다양한 그룹으로 나눌 수 있지만 결코 남성이냐 여성이냐로 나뉘지 않는다. 예를 들어 납작한 물건, 길쭉한 물건, 둥근 물건으로 나눌 수 있다. 집이나 배나 책은 각각 다른 그룹에 속한다. 물론 사람이라는 그룹도 있다. 그때 남자와 여자는 다 같이 이 그룹에 속한다. 문법상으로 보면 일본어에서 남자라는 단어 자체도 남성인 적이 없다.

독일어 단어들의 문법 성(性)을 익히는 것은 쉬운 일이 아니다. 나는 단어와 성이 아무 관련이 없기라도 하듯 단어의 성을 바로바로 잊어버렸다. 어학 교재에는 모어 화자들은 이 문법 성을 단어에 속한 자연스러운 일부로 느낀다고 쓰여 있다. 나는 그런 지각이 어떻게 가능한지 알아내려고 애를 썼다.

그때 주로 사용한 방법은 비교였다. 예를 들어 사람의 겉모습을 볼 때 나는 그가 여자인지 남자인지를 제일 먼저 인식한다. 이러한 구분이 나에게 아무런 의미가 없더라도 나는 적어도 남자인지 여자인지를 모른 채 어떤 사람을 상상해볼 수 없다. 그때 나는 물건들도 똑같이 그렇게 느껴져야 한다고 생각했다. 그렇지 않으면 나는 결코 물건들의 성을 알 수 없게 될 것이다.

이를테면 만년필을 보면서는 그게 실제 남자라고 느끼려고 애를 썼다. 머리가 아니라 가슴으로 말이다. 나는 만년필을 손에 쥐고 뚫어져라 쳐다보면서 작은 목소리로 반복했다. 남자, 남자, 남자. 이 마법의 주문은 천천히 나에게 새로운 시각을 가져다주었다. 책상 위의 작은 왕국은 하나씩 성(性)을 갖게 되었다. 연필은 남자, 볼펜도 남자, 만년필도 남자, 이런 식으로. 남성 명사인 물건들은 남자로 거기에 누워 있었고 내가 그걸 손에 쥐면 다시 남자로 일어났다.

책상 위에는 여성인 물건이 하나 있었다. 타자기였다. 타자기는 크고, 넓적하며, 알파벳의 모든 자모를 문신처럼 내보이는 몸을 갖고 있었다. 타자기 앞에 앉아 있으면 타자기가 나에게 어떤 언어를 제공한다는 느낌이 들었다. 이 시도 덕분에 독일어가 내 모어(母語)가 아니라는 사실이 바뀐 것은 아니지만 나는 새로운 말엄마[語母]를 얻게 되었다.

나는 나에게 언어를 선물해준, 독일어로 여성 명사인 타자기를 말엄마라고 부른다. 사실 이 타자기로는 타자기 안과 그 몸 위에 지니고 있는 부호들만 쓸 수 있었다. 다시 말해 쓴다는 것이 나에게는 이 부호들을 반복한다는 것에 지나지 않는다. 그러나 이 과정을 거쳐 나는 새로운 언어에 입양될 수 있었다. 물론 사무실에서 쓴 것은 모두 업무상의 편지들뿐이고 시는 아니다. 그럼에도 나는 타자를 칠 때 종종 큰 기쁨을 느꼈다. 글자를 하나 누르면 바로 그 글자가 종이 위에 나타난다. 하얀 바탕 위에 검정 글씨로, 비밀스럽게. 새 말엄마를 갖게 되면 유년 시절을 다시 한 번 겪을 수 있다. 유년 시절에는 단어 자체를 있는 그대로 받아들인다. 그럼으로써 모든 단어가 각자의 삶을 살게 된다. 이 삶은 단어를 문장 내의 의미에서 해방시켜준다. 심지어 어떤 단어들은 너무나 생명력이 넘쳐 마치 신화 속의 인물처럼 자신의 인생 이야기를 펼쳐 나갈 수 있다.

그 당시에 독일어에서 유독 눈에 띄는 두 인물이 있었다. 이들은 종종 얼굴을 감추고 내 눈앞에 등장했다. 나는 이들이 무엇이었는지, 누구였는지 정확하게 알지 못했다. 그러나 이에 대해서 누군가에게 물어보는 것은 불가능했다. 왜냐하면 나의 독일 동료들은 이들을 보지 못하는 것 같았기 때문이다. 한 인물은 바로 "하느님(Gott)"이었고 다른 하나는 바로 "그것(es)"*이었다. 이들은 여러 다른 문장들 속에서 끊임없이 등장했다.

하느님은 어떤 감정이 여자의 입을 통해 설명 없이 터져 나올 때 자주 나온다. "오, 하느님!" "이런 아이고, 하느님 맙소사!" "하느님, 감사합니다!" "원 하느님, 천만에요!" 이 말을 들을 때마다 나는 나를 지배하려는 엄청난 위력을 느꼈다. 나는 이 영향력에 휘둘리지 않으려고 늘 이 단어들을 무시하려고 애를 썼다. 지금까지도 나는 이 "하느님"이라는 단어가 들어가는 문장을 말할 수 없다.

두 번째로 특별히 눈에 띈 인물은 바로 "es"다. "비가 온다(Es regnet)" "나는 요즘 잘 못 지낸다(Es geht mir nicht gut)" "날이 춥다(Es ist kalt)"라고 말할 때 이 단어로 시작한다. 어학 교재에는 이때 "es"에 아무런 의미가 없다고 쓰여 있다. 이 단어는 문법상의 빈 공간을 채워주고 있을 뿐이라는 것이다. 왜냐하면 이 단어가 없으면 그 문장은 주어가 없는 문장이 되는데, 주어가 없는 문장은 어떤 경우에도 있을 수 없기 때문이라고 한다. 그러나 나는 왜 문장에 반드시 주어가 있어야 하는지 이해할 수가

---

* 영어의 "it"에 해당하는 비인칭 주어.

없었다.

더욱이 나는 단어 "es"가 아무런 의미가 없다는 말을 믿지 않는다. 사람들이 비가 온다고 말하는 순간, Es가 생겨나고 이것이 하늘에서 물이 쏟아지게 만든다. 어떤 사람이 요즘 잘 지내면 거기에도 이에 기여한 Es가 있다. 그럼에도 아무도 이 단어에 특별히 주목하지 않는다. 이 단어는 고유한 이름을 가진 적도 없다. 그러나 es는 모든 영역에서 언제나 열심히, 도움을 주면서 문법상의 빈 공간에서 겸손하게 살고 있다.

그 외에도 이 문방구의 왕국에서 내 마음에 든 것은 스테이플러 심 제거기다. 이 멋진 이름은 내가 외국어에 대해 갖고 있는 동경을 몸으로 보여준다. 집게이빨이 네 개 있는 뱀 머리를 연상시키는 이 작은 물건은 문방구 그룹에 속해 있긴 하지만 그 자신은 문맹이다. 연필이나 타자기와 달리 스테이플러 심 제거기는 글자를 하나도 쓰지 못하기 때문이다. 그는 스테이플러 심을 제거하는 것 이외에는 할 수 있는 일이 없다. 그러나 나는 이 물건을 특별히 좋아하는데, 서로 붙어 있는 종이들을 분리해내는 것이 거의 마술처럼 보이기 때문이다.

모어에서는 단어들이 사람과 꼭 붙어 있어서 도대체 언어에 대한 유희를 하는 재미를 느낄 수가 없다. 모어에서는 생각이 단어에 너무 꼭 들러붙어 있어서 단어나 생각이나 자유롭게 훨훨 날아다닐 수가 없다. 외국어를 쓸 때는 스테이플러 심 제거기 같은 것을 갖게 된다. 이 제거기는 서로 바짝 붙어 있는 것과 단단히 묶여 있는 것을 모두 떼어놓는다.

영혼 없는 작가

1

요즘 들어 점점 더 마음에 드는 독일어 단어 중의 하나가 "방"*이다. 이 단어 덕분에 나는 내 몸 안에 있는 많은 작은 살아 있는 방들을 상상해볼 수 있다. 방마다 이야기를 들려주는 목소리가 하나씩 들어 있다. 그래서 이 방들은 전화 방이나 사제 방, 교도소 방과 비교할 수 있다. 어두운 밤거리의 전화 방, 그러니까 공중전화 부스 안에 불이 켜져 있는 것은 아름다운 광경이다. 내가 자란 도쿄의 도시 구역에는 은행나무들이 늘어선 공원이 하나 있었다. 공원의 모퉁이에는 전화 방이 하나 있었는데 어린 여학생들에게 인기가 정말 좋았다. 이 전화 방에는 해 질 무렵부터 한밤중까지 쉬지 않고 누군가가 있었다. 여학생들은 부모 집에서보다 이 방에서 자신의 이야기를 푸는 재능을 훨씬 더 잘 펼쳐 보일 수 있었다. 손에 수화기를 꼭 잡고서 전화를 하는 동안 여학생들은 그들의 살아 있는, 그러나 텅 빈 시선을 이리저리 여러 방향으로 던졌다. 마치 허공 어디쯤에서 대화 상대자를 볼 수 있기라도 하듯 말이다. 여학생들이 들어가 있는, 불이 밝혀진 투명한 유리 상자는 공원 나무들의 어두운 형상들 사이에 서 있었다. 나도 같은 소녀

---

* Zelle. 독일어에서는 "세포"라는 뜻도 있다.

였을 때 이 광경은 나를 매혹시켰다. 그에 비해 그들의 대화 내용에는 별 관심이 없었다. 여학생들은 보통 사귀는 남자에 대한 이야기를 했다. 때로 이 전화 방은 나무의 정령이 어려 있는 투명한 나무처럼 보이기도 했다. 일본의 동화「대나무 공주」는 어떤 할아버지가 빛이 나는 대나무를 보고 이를 베는 장면으로 시작한다. 그는 거기에서 갓 태어난 여자아이를 발견하고 부인과 함께 그 아이를 데려다 키운다. 동화는 아이가 어른이 되었을 때 원래 왔던 곳, 달로 돌아가는 것으로 끝이 난다.

밤의 전화 방은 공원에 막 도착한 우주선일지도 모른다. 달나라 사람들이 여기 사람의 사는 모습을 정탐하러 달나라 여학생 한 명을 지구에 보냈고 그 학생은 막 첫 번째 보고를 하는 중인 것이다. 학생은 이 공원에 관해 과연 무슨 이야기를 할까? 도착한 지 얼마 되지도 않았는데 벌써 그렇게 할 이야기가 많은지?

한참 뒤 오스트리아에서 나는 전화 방을 곧장 연상시키는 방을 하나 보았다. 그것은 원목으로 만들어졌고 불이 켜 있지 않은 가톨릭교회의 한구석에 있었다. 그 방의 벽들은 온기와 평온함을 품고 있었기 때문에 나는 바로 그 방 안으로 들어가서 전화 방의 여학생들처럼 이야기를 하고 싶다고 생각했다. 아는 사람이 나에게 이 방은 고해 방이라고 부르고, 밤의 전화 방에서처럼 사람들이 자신의 성적 만남에 대해 이야기한다고 말해주었다. 현대식 전화 방과 달리 고해 방은 나무로 만들어졌고 바닥에 깊이 뿌리내리고 있는 나무처럼 존재했다. 이 방은 우주선처럼 날아다니지 않는다. 그러니까 바닥에 단단히 달라붙은 이야기 방도 있고 또 언제고 이동할 수 있는 것처럼 보이는 이야기 방도 있는 것이다.

덕분에 나는 왜 교도소 방과 비슷해 보이는 서재 방이 시각적 감성을 자극하도록 꾸며진 큰 방들보다 에로틱한 글을 쓸 때 더 적합한지를 이해할 수 있게 되었다. 나는 금욕을 중요하게 생각하지 않고, 또 욕구가 현실에서 억눌릴 때에만 글로 흘러들어간다고 생각하지도 않는다. 글을 쓰는 사람은 삶을 온전하게 사는 게 아니라는 주장은, 사람과 삶을 주체와 객체로 나누어 생각하는 사람들에게서 나온 것임이 틀림없다. 아마 그들은 인간은 무엇보다도 자신의 삶을 살아야 한다고 주장할 것이다. 나는 나도 살고 있고 나의 삶노 살아간다고 말하고 싶다. 나의 글도 삶이 있다. 그래서 누군가가 글을 쓸 때 그가 자신의 삶을 살아가고 있느냐는 질문은 비뚤어진 질문이라고 생각한다. 이 질문은 인간을 중심에 세우기 위해서 던지는 것이다.

어떤 사람이 방 안에 앉아 글을 쓰는 일은 금욕과 아무 상관이 없다. 오히려 그것은 몸 안에 있는 전화 방, 사제 방, 교도소 방과 같은 살의 방을 활성화하는 행위와 관련이 있다. 많은 이야기가 이렇게 닫힌 공간 속에서 나왔다. 글을 쓰는 동안 나는 나의 몸으로부터 이야기를 듣고자 할 것이다. 내가 이들 이야기를 열심히 들으면 내 세포 방들이 내게 얼마나 낯선 존재들인지를 알게 된다. 이 방들은 유전으로 물려받은 것과 먹어서 생긴 것으로 구성되어 있다. 그래서 내가 내 몸에게서 들은 어떤 이야기는 시간적으로나 지리적으로 아주 멀리 떨어져 있는 것으로 다가오곤 한다.

사람들은 도대체 세포 방의 이야기를 이해할 수 있을까? 이 질문과 관련해서 또 하나의 방의 이미지가 떠오른다. 바로 동시통역사들을 위한 방이다. 국제 학회에서는 종종 아주 아름다운, 속이 훤히 들여다보이는 부스를 볼 수 있는데, 그 안에는 이야기를 하는 사람들이 있다. 그들은 통역을 하면서 다른 사람의 이야기를 계속 이어간다. 동시통역사 한 명 한 명의 입의 움직임, 제스처, 눈빛은 너무나 제각각이라 이 사람들이 모두 같은 텍스트를 통역하고 있다고 생각할 수가 없다. 어쩌면 실제로 하나의 동일한 텍스트가 존재하는 것이 아닐지도, 통역사는 통역을 통해 그 텍스트가 동시에 여러 다른 텍스트로 존재한다는 것을 보여주려는 것일지도 모른다. 인간의 몸 또한 번역 작업이 행해지는 여러 방을 가지고 있다. 내 추측으로 여기에서는 원본 없는 번역이 일어나고 있는 것 같다. 그러나 물론 누구에게나 태어날 때 고유한 원본 텍스트가 주어진다는 기본 생각에서 출발하는 사람들도 있다. 그들은 이 원본 텍스트가 보존되는 장소를 영혼이라고 부른다.

2

엘베강가에 자리 잡은 도시 함부르크에는 악마의 다리(Teufelsbrück)라고 불리는 아주 작은 항구가 있다. 옛날 사람들은 엘베강 위에 가을 폭풍을 견뎌낼 정도로 튼튼한 다리를 지을 수가 없었다. 절망하던 함부르크의 상인들에게 악마가 와서 부서지지 않는 다리를 지어주겠다고 제안했다. 그는 그 대가로 영혼을 하나 받고 싶어했다. 상인들은 다리가 완성되면 그에게 영혼을 하나 주기로 약속했다. 그러나 악마가 작업을 끝냈을 때 상인들 중 아무도 자신의 영혼을 내주려고 하지 않았다. 그들은 다리 위로 쥐 한 마리를 악마에게 보냈다. 악마는 너무나 화가 나서 쥐를 짓밟아 이기고는 땅속으로 사라졌다. 이후 그 항구는 악마의 다리라고 불리게 되었다.

내가 이 전설을 처음 들었을 때 나는 쥐에게 영혼이 없다는 것을 몰랐기 때문에 이 전설을 이해하지 못했다. 더 정확히 말하자면 완전히 기독교식인 악마가 볼 때 쥐에게는 영혼이 없다는 것을 말이다. 식물이나 동물에게 영혼이 있다고 이야기하는 다른 고장에서는 쥐에게도 당연히 영혼이 있다. 이 영혼이 함부르크 상인의 영혼보다 가치가 덜 나가는 것도 절대로 아니다. 그 다른 고장에서는 악마가 실망하는 일이 없었을 것이다.

나에게는 인간의 영혼을 떠올릴 때 항상 같이 떠오르는 두 가지 이미지가 있다. 첫 번째 상상 속에서 영혼은 튀빙엔에서 처음 먹어본 기다란 빵처럼 생겼다. 슈바벤 지역에서는 이 긴 빵을 "영혼(Seele)"이라고 부르면서 많이들 들고 다닌다. 그러나 영혼이 이 빵처럼 몸속에 단단히 심겨 있는 것은 아니다. 영혼은 오히려 몸속의 빈 구멍 같은 것인데, 이 구멍은 구멍과 같은 모양을 한 빵, 아니면 태아 혹은 사랑의 증기 같은 것으로 늘 채워져야 한다. 그러지 않으면 영혼을 지니고 다니는 사람들은 뭔가 빠졌다는 느낌이 들 것이다.

내가 하는 두 번째 상상에 나오는 영혼은 물고기와 비슷하게 생겼다. 영혼을 가리키는 독일어 "Seele[젤레]"는 "호수"나 더 나아가 "물"과 상관이 있음을 보여준다.* 나는 샤먼들의 영혼을 생각해본다. 예를 들어 퉁구스 사람들*은 후계 샤먼이 될 사람의 영혼은 부족의 강물을 따라 내려가 조상 샤먼의 영혼들이 사는 거주지에 도달한다고 믿는다. 그곳의 부족 샤먼 나무의 뿌리에는 그 후계 샤먼의 동물 어머니가 누워 있는데, 이 동물 어머니는 거기에 도착한 영혼을 삼키고 다시 동물로 태어나게 한다. 동물은 네발짐승일 수도 있고 새나 물고기의 모습을 하고 있을 수도 있다. 어떤 모습으로든 이 동물은 샤먼의 도플갱어이자 그를 지키는 수호신 역할을 한다.

   영혼이 이 세상 어딘가에서 동물로 자신의 삶을 살아간다고 생각하는 것은 근사한 상상이다. 이 영혼은 그 사람으로부터 독립되어 있다. 사람은 영혼이 무엇을 경험하는지는 알 수 없지만 그 사람과 그의 영혼 사이에는 어떤 관계가 존재한다. 샤먼이 자신의 영혼과 함께 살아가듯, 나는 "나의 영혼"이라고 부르는 사람과 같이 삶을 살고 싶다. 나는 내 영혼을 보지도 못하고 내 영혼과 이야기를 할 수도 없겠지만, 내가 겪고 쓰는 모든 것은 영혼의 삶과 부합한다. 나는 영혼이 없는 사람처럼 보인다. 내 영혼은 항상 어딘가 떠돌아다니고 있기 때문이다.

---

* 독일어 "Seele(영혼)"를 떨어뜨려 쓰면 "See(호수, 바다)-le"가 된다.
★ 시베리아 동부, 동아시아 동북부를 중심으로 분포해 있는, 퉁구스어족에 속하는 언어를 사용하는 민족들.

3

영혼은 비행기처럼 빨리 날 수 없다는 것을 인디언에 관해 쓴 어떤 책에서 읽은 적이 있다. 그래서 사람들은 비행기를 타고 여행할 때 영혼을 잃어버리고 영혼이 없는 채로 목적지에 도착한다. 심지어 시베리아 열차도 영혼이 날아가는 것보다 빨리 간다. 나는 처음 유럽에 올 때 시베리아 기차를 타고 오면서 내 영혼을 잃어버렸다. 그다음에 다시 기차를 타고 돌아갔을 때 내 영혼은 유럽으로 가는 길 어딘가에 있었다. 나는 내 영혼을 잡을 수 없었다. 다시 유럽에 올 때 내 영혼은 일본으로 가는 길에 있었다. 그다음에는 몇 번 비행기를 타고 오고 가고 했는데 내 영혼이 어디에 있는지를 도무지 알 수 없었다. 어찌 되었든 그것이 여행자에게 영혼이 없는 이유다. 긴 여정에 대한 이야기는 영혼이 없는 상태에서 만들어진다.

4

발터 벤야민에 따르면 이야기꾼에는 두 부류가 있다. "'누군가 여행길에 오르면 그에게는 무엇인가 이야기할 거리가 생긴다'라는 독일 속담이 있듯이 사람들은 이야기꾼을 으레 먼 곳에서 온 사람이라고 생각했다. 그러나 이에 못

지않게 사람들은 고향에 눌러앉아 정직하게 생업을 꾸려나가면서 자기 고향의 이야기와 전설을 잘 알고 있는 사람의 이야기를 듣는 것도 좋아한다. 이 두 부류의 옛 대표자를 눈앞에 생생하게 떠올리고 싶다면 그중의 한 대표자는 한곳에 정착해서 땅을 경작하는 농부에게서, 또 다른 대표자는 이리저리 옮겨 다니면서 장사를 하는 선원에게서 찾을 수 있다."

뱃사람보다 더 멀리 여행하고 가장 나이 많은 농부보다 같은 장소에 더 오래 산 사람들이 있다. 바로 죽은 사람들이다. 그래서 죽은 사람들보다 더 재미난 이야기꾼은 없다. 사람들이 죽은 사람들의 말을 이해하지 못하고 무엇보다 들을 수조차 없다는 것은 정말 문제다. 죽은 사람들의 이야기를 어떻게 들을 수 있을까? 이것은 문학의 가장 어려운 과제 가운데 하나로, 문화마다 상이한 방식으로 해결한다.

예를 들어 연극 무대는 죽은 사람들도 종종 말을 할 수 있는 장소다. 〈햄릿〉이 아주 간단한 예다. 죽은 아버지가 등장해서 자신이 동생에게 어떻게 살해당했는지를 이야기한다. 이것은 이 작품에서 아주 결정적인 장면으로, 이 장면이 없다면 햄릿도 관객들도 과거에 대해 알지 못했을 것이다. 사람들은 가해자의 이야기를 계속 믿었을 것이다. 가해자는 햄릿의 아버지가 독뱀에 물려 죽었다고 했다. 죽은 사람이 말을 함으로써 우리는 이들이 말을 하지 않았더라면 몰랐을 과거의 한 부분을 알게 된다. 연극 무대는 경험할 수 없는 것을 들을 수 있는 장소다. 다른 곳에서는 거의 살아 있는 사람들이 하는 이야기만 듣는다. 그들은 햄릿의 삼촌처럼 자기변명을 하기 위해서, 그리고 계속 그렇게 살아가기 위해서 자신들의 이야기를 밀어붙인다. 죽은 사람들은 자기 상처를 감추려 이야기를 하는 것이 아니기 때문에 근본적으로 다르게 이야기한다.

5

연극 무대 이외에도 죽은 사람들의 이야기를 들을 수 있는 장소가 있다. 민속박물관이 그중 한 예다. 함부르크 민속박물관에는 투명한 관들이 줄줄이 세워져 있고, 그 안에는 각기 한 명씩 죽은 인물들이 서 있다. 인물 하나하나가 한 부족을 상징한다. 세워져 있는 관은 마치 지금 막 이야기를 시작하려는 사람들이 들어가 있는 전화 방을 연상시킨다. 아마도 그래서 관은 통상 그러듯 눕혀져 있는 것이 아니라 세워져 있는 것일 터다.

관 속의 — 플라스틱 인형인 — 인물들은 죽음과 인형의 관계를 분명하게 보여준다. 인형으로 묘사된 부족들은 역사상 모두 다른 민족에게 문화적으로나 경제적으로 정복을 당한 부족들이고 일부는 절멸되었다. 다른 박물관에서처럼 여기에서도 권력관계가 드러나 있다. 즉 묘사되는 것은 항상 정복을 당한 쪽이다. 동물박물관에서도 박제된 늑대 같은 동물이 전시되지, 늑대가 인간을 전시하는 일은 없다. 역사박물관은 과거와 현재 사이에 위계 관계가 지배하고 있다.

낯선 사람이 두려운 한, 사람들은 그를 없애려 한다. 그가 죽으면 그의 인형을 박물관에 애정을 가지고 전시한다. 사람들은 거기에서 그 인형을 보고 그가 살았던 방식에 대한 설명을 읽고 그의 나라에 대한 사진들을 보지만, 이해하지 못하는 무언가가 있다. 박물관 관람객과 죽은 인형을 갈라놓는 베일이 있어서 관람객은 알게 되는 것이 거의 없다. 차라리 머릿속에서 어떤 민족을 상상해 묘사하려 할 때 관람객은 더 많은 것을 이해할 것이다. 그들의 삶은 어땠을까? 그들의 언어는 어떤 식으로 작동했을까? 완전히 낯선 사회 시스템은 어떤 모습일까? 어떤 가상의 문화권에서 온 관람객이 되어보는 것도 마찬가지로 재미있을 것이다. 그렇다면 관람객은 "우리"의 문화를 어떻게 묘사할까? 이것은 묘사된 것이 아니라 묘사하는 사람이 허구인, 가상의 민족지를 시도해보는 것이라 할 수 있다.

6

인형을 죽음과 분리해서 생각할 수 없다는 것은 다음의 짧은 예가 잘 보여준다. 오래전 일본의 많은 고장에서는 정말 헤어날 방법이 아무것도 떠오르지 않을 만큼 극단적으로 가난했을 때, 여자들은 그러지 않았다면 함께 굶어 죽었을 아이를 낳고 나서 곧바로 죽이기도 했다. 이때 죽은 아이 한 명 한 명을 위해서 코케시라는 나무 인형을 만들었는데, 이 말은 "아이를-사라지게-만들다"라는 뜻이다. 이 인형 덕에 사람들은 자신들이 아이들을 희생시키고 살아남았다는 것을 결코 잊지 않았다.

7

인형의 언어를 이해하는 것은 쉽지 않은 일이다. 이들의 언어는 우리 귀에는 대체로 침묵으로 들린다. 죽은 사람들의 언어도 원래는 알아들을 수가 없다. 그들의 말은 도대체 들리지조차 않는다. 사람들은 이해에 집착하지 않을 때만 그들의 말을 들을 수 있다.

    나는 내가 죽은 사람의 말을 들었다고 느꼈던 날을 기억한다. 십이 년 전 봄 어느 날 유럽으로 가는 길에, 나는 카트만두의 아는 사람 집에서 일주일간 묵은 적이 있다. 그 사람의 친한 네팔 친구 하나가 우리가 모여 있는 집으로 찾아왔다. 우리는 같이 차를 마셨다. 그는 자기 자랑거리 두 가지를 우리에게 보여주러 왔다. 직접 담근 화주 한 병과 얼마 전에 산 새 오토바이였다. 내가 카트만두에 난생처음 왔다는 것을 알게 되자 그는 나에게 오토바이를 타고 함께 시내를 일주하자고 했다. 나는 뒷자리에 앉았고 그가 출발했다. 그는 말 그대로 일주를 했다. 멈추지 않고 계속 순환 도로만 탔던 것이다. 곧 나는 어지럼증을 느꼈다. 주변의 희박한 공기는 점점 더 희박해졌고, 저 멀리 산들은 빛깔을 잃었다. 한 시간 뒤에 우리는 내 제안으로 시내의 카페 대신 도시 외곽의 티베트인 마을에 있게 됐다. 눈앞의 절에서 기도 소리가 들려왔다. 주의 깊게 들어보니 여러 사람의 목소리가 울렸다. 절 안으로 들어갔더니 거기에는 앉아서 기도하는 스님 딱 한 명밖에 없었다. ㄱ의 몸속에서 여러 목소리가 흘러나오고 있었던 것이다. 잠시 숨을 돌린 그는 마치 양탄자를 펴듯 깊은 목소리를 새로 펼쳤다. 그러면 그 양탄자 위로 다른 여러 목소리들이 나타날 수 있었다. 그는 자신의 몸에서 목소리들이 밖으로 빠져나올 수 있도록 움직였다. 자기 자신의 울림체를 갖지 않은 모든 이야기꾼들에게 울림체를 주기 위해서였다. 자신의 울림체를 갖고 있지 않은, 예를 들어 죽은 사람들은 스님의 목소리 속에서 자신의 목소리를 들리게 할

영혼 없는 작가

수 있었다.

　　　　그때 나도 목소리 양탄자를 만들려고 해보았다. 완전하게 성공하지는 않았지만 목소리를 내자 동시에 울리는 주변의 목소리들을 처음으로 분명하게 들었다. 나는 말을 하면서 이 주변의 소리에 주의를 기울였다. 주의 깊게 듣는 자리에 이야기가 등장한 것이 아니라, 오히려 주의 깊게 들음으로써 이야기가 생겨났다.

　　　　어쩌면 입이 아니고 귀가 이야기하는 기관이 맞는 것 같다. 그렇지 않다면 왜 햄릿 아버지의 입이 아니라 귀에 독을 부었겠는가? 세계로부터 인간을 단절하기 위해서는 입이 아니라 귀부터 파괴해야 한다.

8

살아 있는 사람의 말소리를 낼 수 있는 인형들도 있다. 1992년에 나는 이러한 인형들에 대해 알아보려고 런던에 간 적이 있다. 인기가 있는, 노래하고 말하는 록 뮤지션의 왁스 인형들뿐만 아니라 점술가나 의사 모습을 한, 잘 안 알려진 몇몇 기계인형들도 사람의 말을 할 수 있었다. 나는 광장에서 의사 자동인형을 발견했다. 내가 맞은편에 자리를 잡고 앉자 의사는 나에게 기계음으로 두 손을 유리판 위에 얹어놓으라고 말했다. 우리 사이에는 유리판을 얹은 책상이 있었고 그 판을 통해서 그의 매력적이고 복잡한 기계 작동 장치가 보였다. 그는 내 손금을 읽었다. 내 손금을 암호처럼 해독했다는 말이다. 의사는 고개를 끄덕이고 아주 정확한 손동작으로 종이를 하나 집었다. 그는 처방전을 쓰더니 나에게 건네주었다. 불행히도 그의 글은 읽을 수가 없었다. 종이에는 성난 파도처럼 요동치는 선이 왼쪽에서 오른쪽으로 그어져 있었다. 글로 옮긴 내 손금은 그런 형태였던 것이다. 나는 내가 그 글을 읽을 수 있는 것처럼 시늉을 한 다음 의사 인형에게 감사 표시를 하고 광장을 떠났다.

로텐부르크 옵 데어 타우버*: 독일 수수께끼

---

* 독일 바이에른주 프랑켄 지역에 있는 작은 도시. '타우버강 위에 있는 로텐부르크'라는 뜻이다.

"자, 이제 중세도시에 도착했습니다." 여행 가이드가 말했다.

"그러니까 그 말은, 이 도시가 중세 땐 실제로 존재했지만 오늘날에는 더 이상 존재하지 않는다는 건가요?" 내 질문에 가이드는 다소 놀란 듯했지만 곧바로 바른 답을 내놓았다. "이 중세도시가 아직 존재하는지 아닌지는 스스로 알아내셔야 해요. 어쨌든 이 도시는 마치 중세를 연출한 무대 세트 같아요."

"무대 세트"라는 말이 마음에 들었다. 나는 중세를 한때 존재했다가 영원히 사라진 과거의 시대로는 상상할 수 없었다. 오히려 중세는 반복해서 무대에 올려지는 연극처럼 끊임없이 되돌아오는 어떤 것이었고, 매번 새롭게 재현되는 무엇이었다. 이 도시의 성문을 지나 도시 안으로 들어간다는 것은 특별한 경험이었다. 일본에는 성벽으로 둘러싸여 있는 도시가 없다. 그래서 나는 지금까지 한 번도 "성문"을 본 적이 없었다.

성문은 마치 우리가 건물 안으로, 극장이나 박물관 안으로 들어가는 것 같은 느낌을 주었다. 성문 바로 위쪽 벽에는 검은 새 한 마리가 그려져 있었다. 어쩌면 도시가 처음 세워질 때 진짜 새 한 마리가 그곳에 희생 제물로 매달려 있었을지도 모른다. 그리고 그 자리를 이 그림이 대신하는 것일지도. 나는 그것이 도시 건설로 인해 쫓겨난 나무 정령들을 달래기 위한 제물이었을 거라고 상상해보았다.

검은 새 위에는 네모난 벽시계가 하나 붙어 있었다. 그 시계는 그곳에 들어서는 모든 이에게 이 안에서는 공동의 시간 개념에 따라 살아야 함을 상기시켰다. 좀 더 자세히 들여다보자 시계 바로 아래에 돌로 된 작은 사람 머리가 눈에 들어왔다. 그것은 성문 벽돌과 정확히 같은 색으로, 성문에서 자라 나온 것 같았다. 나는 가이드에게 저 머리도 희생 제물인지 묻고 싶었지만, 그녀는 이미 다른 관광객들과 함께 성문 안쪽으로 들어가고 있었다. 나는 마지막으로 그 돌 머리를 한 번 더 보았다. 머리에는 몸이 없었다. 머리는 도시의 안과 밖을 정확히 가르는 경계선 위에 있는 자기 자리에서 움직일 수 없었다.

돌로 포장된 길은 도마뱀의 등을 닮았다. 어느 가게의 간판은 기이한 형상으로 시선을 붙들었다. 만약 숫자 6이 자신의 거울상과 만나게 된다면 아마도 그와 비슷한 형태가 될 것이라는 생각이 들었다. 내가 저 형상이 무슨 뜻이냐고 가이드에게 묻자, 그녀는 이렇게만 대답했다. "저건 브레첼(Brezel) 빵이에요." "B-수수께끼?"* 참으로 멋진 단어였다. 진열창 안에는 작은 빵 하나가 있었는

---

* "브레첼(Brezel)"이라는 단어를 "B"와 "Rezel"로 나눈 언어유희. "레첼(Rezel)"은 수수께끼를 뜻하는 독일어 단어 "레첼(Rätsel)"과 닮았다.

데, 빵 모양이 수수께끼 같은 형태의 간판과 정확히 같았다. 그 빵이 바로 B-수수께끼였다. 아마도 이 모양은 빵집 주인의 비밀 언어 속에서 무언가 아름다운 것을 의미했을 것이다.

그 신비로운 빵 옆에는 작은 크기의 검은색 빵들이 놓여 있었고, 빵에는 말린 과일 조각들이 박혀 있었다. 작은 안내판에 "프랑켄 지역의 과일빵"이라는 글이 적혀 있었다. 우리는 한 조각을 사서 함께 맛을 보았다. 한 사람은 "이건 중세의 맛이네요"라고 말하고, 다른 사람은 정말 맛이 없다며 빵은 구름 같아야 하는데 이건 돌 같다고 말했다. 또 다른 사람은 아무 말 없이 그 빵을 다섯 개 샀다.

"빵은 예수의 몸이고, 포도주는 예수의 피입니다." 다음 진열창 앞에 멈춰 섰을 때, 가이드가 이렇게 설명했다. 진열창 안에는 녹색으로 보이는 액체가 담긴 작고 둥근 병들이 놓여 있었다.

"피라고요?"

이유를 정확히 알 수 없었지만 그 설명은 매우 소름 끼쳤다. 그러자 가이드는 나를 안심시키려 말했다. "물론 예수의 피는 빨갛지요. 이건 백포도주일 뿐이고요."

그러나 그 백포도주는 실제로 흰색도 아니었고 투명했다. 액체는 둥근 녹색 병의 색깔과 형태를 그대로 받아들이고 있었다. 나는 와인을 마시지 않아서 보통 때는 와인을 사는 법이 없었다. 그러나 병의 촉감이 좋아서 그 프랑켄 와인을 한 병 샀다.

오른쪽 거리 한편에서는 한 여자 점원이 가게 입구 옆에 인형 하나를 세우고 있었다.

인형은 그 점원만큼 컸고, 막대기 같은 나무 코가 달려 있었다. 우리 일행 중 한 남자가 물었다. "이게 혹시 이 도시에서 봐야 할, 프랑켄 지역의 유명한 인형인가요?" 그러자 가이드는 웃으며 대답했다. "아니에요, 이 인형은 이웃 나라에서 온 거예요. 피노키오라고 하고요. 그러니까 프랑켄 인형은 아니에요. 하지만 곧 가장 중요한 독일 인형, 진짜 독일 인형을 보게 될 거예요."

피노키오 인형이 있는 가게 건너편에는 또 다른 인형이 서 있었는데, 긴 금발의 남자 인형이었다. 그는 황금 공들을 양손 가득 들고 있었다. 공마다 그 인형 얼굴과 똑같은 얼굴이 그려져 있었다.

"혹시 그럼 저 인형이 진짜 독일 인형인가요?" 우리 일행 중 한 여자가 조심스럽게 물었다.

"아뇨, 아뇨. 이 인형은 다른 나라에서 온 거예요. 여러분도 아시죠. 유명한 초콜릿 브랜드, '모차르트 쿠겔'*

---

* 오스트리아 잘츠부르크의 명산품으로, 모차르트의 얼굴을 포장지에 그린 초콜릿이다. "쿠겔(Kugel)"은 공이라는 뜻이다.

요. 모차르트는 이 초콜릿 덕분에 유명해진 작곡가죠. 안타깝게도 모차르트는 프랑켄 지역과는 아무 관련이 없어요. 하지만 곧 진짜 독일 인형을 보게 될 거예요."

처음 이십 분 동안 우리의 시선은 오직 각양각색의 진열창에만 고정되어 있었다. 오래된 집들의 지붕이나 벽, 창문을 올려다보는 사람은 없었다. 진열창 속 상품들은 오래된 집들보다 훨씬 더 접근하기 쉬웠고, 실제로 사서 가져갈 수도 있었기 때문이다.

가이드는 손가락으로 노란색과 초록색 목조 주택들을 가리키며 말했다. "중세도시의 모습을 유지하는 일은 쉽지 않아요. 생활의 편의성을 어느 정도 포기해야 하니까요. 이곳 사람들은 그저 관광객들을 위해서가 아니라, 실제로 자기 자신들을 위해서 그렇게 살고 있답니다."

도쿄에서는 어떤 집이 "오래되었다"고 하면, 보통은 삼십 년쯤 되었단 뜻이다. 많은 집이 스무 살이 되기도 전에 헐려버린다. 일본에서 건축은 예술 중에서도 가장 덧없는 종류 중 하나다. 이 오래된 목조 가옥들이 실제로 지금 눈앞에 있다는 사실을 좀처럼 믿기 어려웠던 것은 아마도 그래서였을 것이다. 집들은 흔들리는 듯, 사라지는 듯, 시야에서 자꾸 미끄러져 나갔다. 도시가 꼭 인형극 무대처럼 작게 보이는 카메라 프레임을 통해서야 비로소 나는 이 도시를 제대로 관찰할 수 있었다. 프레임 안에 들어

온 도시는 전보다 더 멀게 느껴졌다.

문득 일본의 한 전설이 떠올랐다. 여우 창문에 관한 이야기였다. 깊은 산속을 혼자 여행하면 마치 지금 영혼의 경계를 넘고 있는 기분, 다시는 문명화되고 이성적인 인간으로서 도시로 돌아올 수 없게 될 것 같은 기분이 든다. 그때 사람들은 빨리 두 손으로 동그라미를 만들어 그 열린 구멍으로 자연 풍경을 다시 보아야 한다. 그렇게 해야 위험한 경계를 넘어가 미쳐버리는 일을 막을 수 있다. 그렇게 두 손으로 만든 원을 여우 창문이라고 했다. 카메라도 비슷하다. 외국에서 여행하는 사람에게는 카메라가 여우 창문이다. 카메라로 보면 이 오래된 집들은 인형의 집처럼 보였다. 반면 구불거리는 좁은 골목들은 나에게 거칠고 위험해 보였다. 마치 회색 비늘을 가진 큰 뱀들 같았다. 집을 짓기 전부터 이 뱀들은 아마도 도시 여기저기를 가로지른 채 가로세로로 누워 있었을 것이다. 분명 그 위에 도시를 지으면서 그 자고 있는 뱀들을 깨우면 안 되었을 것이다.

도쿄에서는 골목이란 그저 건물 사이에 우연히 생긴 긴 빈 공간일 뿐이다. 하지만 로텐부르크에서는 골목마다 다 자기 결정권이 있다. 예를 들어, 새로운 교회를 증축하려 해도 골목을 마음대로 없애선 안 되었다. 가이드는 우리에게 이렇게 말했다. 정 어쩔 수 없다면 골목이 교회의 새로 넓힌 부분을 통과하는 일도 있어요.

　　　　한 제과점. 진열창 안에 공 모양 과자들이 놓여 있었는데, 그것들은 인간의 뇌를 연상시켰다. 어떤 공들에는 슈가 파우더가 뿌려져 있었고, 어떤 것들은 초콜릿이 발라져 있었다. 그 공의 겉은 고랑들이 깊게 파여 있었다. 이 과자의 모양은 브레첼 모양만큼이나 수수께끼처럼 보였다. 제빵사의 임무란 사람들이 풀 수도 먹을 수도 없는 수수께끼를 만드는 것이 아닐까 하는 생각이 들었다. 나는 내가 왜 늘 독일 제빵사를 로맨틱한 동화 속의 인물처럼 상상하는지 드디어 알게 되었다. 이 과자의 이름은 "슈네발(Schneeball)", 즉 "눈덩이"였다. 하지만 흰색 눈덩이만 있는 것은 아니었고 초콜릿을 바른 검은 눈덩이도 있었다.

　　　　독일 시계공도 독일 제빵사처럼 나에게는 동화 같은 매력이 있었다. 한 시계 상점이 이미 내 시계공에 대한 동경을 예견하고 있었다. 쇼윈도에 일본어로 다음과 같이 써 있었던 것이다. "이곳에서는 진짜 독일 시계공의 작품을 구입할 수 있습니다. 이곳에서는 일본 엔화로 상품 구입이 가능합니다." 나의 꿈은 일본 엔화로 살 수 있었다. 그렇지만 자기 나라 돈으로 사 들일 수 있는 것은 더 이상 꿈이 아니다.

　　　　중세 범죄 박물관에는 새장 하나가 걸려 있었다. 새는 없었다. 그러기에 그 새장은 너무 컸다. 가이드가 저건 제빵사용이었다고 설명해주었다. 빵이 규정된 중량에 미치지 못하면 제빵사는 저 새장 감옥에 갇힌 뒤 물속에 빠뜨려졌다. 나로서는 쉽게 이해되지 않았다. 만약 빵이 너무 가벼웠다면, 빵을 만든 사람이 아니라 빵을 새장에 가둬 빵이 날아가지 못하게 해야 했을 것이다. 빵이 원래 자기보다 커 보이게 하는 것은 제빵사의 가장 중요한 임무 가운데 하나다. 일본에서는 모든 빵이 실제보다 커 보인다. 왜 독일에서는 그 일로 벌을 받아야 했을까? 아마도 빵이 예수의 몸을 상징하기 때문이었을 것이다. 장난이 허용되지 않는 부분이다. 성스러운 피인 포도주 역시 마찬가지다. 그래서 포도주 잔에도 금이 하나 그어져 있어 정량이 맞는지 정확히 볼 수 있게 되어 있다. 전날 레스토랑에서 그 잔을 받았을 때, 우리는 독일인들의 남다른 정확함을 알게 되었다. 일본에서 눈금이 표시된 유리잔은 보통 식당이 아니라 실험실에 있기 때문이다.

우리는 이 범죄 박물관에 매혹되었다. 사람들이 그토록 열광하는 중세의 잔혹함 때문이 아니라 거기에 공감이 가는 범죄자들이 전시되어 있었기 때문이다. 예를 들어 실력 없는 음악가들이나 싸움질하기 좋아하는 아낙이나 잔소리쟁이 아내 등등이 있었다. 이 범죄자들은 재미있는 가면들을—그 가면들은 중앙아시아의 전통극 가면을 연상시켰다—쓰고 거리에 전시되었다. 이 가면들은 수치

가면이라 불렸지만, 나에게는 이토록 강렬한 표정의 가면을 쓰고 사람들 앞에 서는 것은 수치보다 명예처럼 느껴졌다. 그룹의 어떤 남자는 그 가면들을 너무 마음에 들어 하며 박물관 직원에게 살 수 있느냐고 물었다. 안타깝게도 수치 가면은 판매하지 않았다.

광장에는 많은 관광객이 서서 시청 건물 옆에 있는 건물의 창문 두 개를 연신 올려다보고 있었다. 몇몇은 벌써 그 창을 향해 비디오카메라를 들이대고 있었다. 곧 시계의 긴 바늘이 하늘을 가리켰고, 종이 시끄럽게 울리면서 창문이 열렸다. 오른쪽 창문에는 포도주를 담는 도자기 주전자를 든 뚱뚱한 남자가 서 있었고, 왼쪽 창문에는 고개를 까딱거리는 남자가 서 있었다.

"이 인형들이 바로 아까 말씀하신 진짜 독일 인형인가요?" 나는 가이드에게 물었다.

"아뇨, 아뇨. 곧 보게 될 거예요. 조금만 더 기다려보세요."

사람들이 인형들을 거리낌 없이 빤히 쳐다볼 수 있다는 건 다행이었다. 만약 그 인형들이 살아 있는 인간이었다면, 나는 그들을 그렇게 바라보는 일이 무례하다고 느꼈을 것이다.

창문은 다시 닫혔고, 인형들은 우리 눈앞에서 사라졌다. 그룹의 여성 세 명이 와서 시청을 배경으로 사진

찍어달라고 부탁했다. 내가 버튼을 눌렀을 때 머릿속에 갑자기 이상한 생각이 번뜩였다. 지금 이 여성들의 모습은 13세기에 지어진 이 시청 건물의 벽에 투영되고 있다고. 중세는 틀림없이 그 장면을 이미 예감하고 있었을 거라고.

마침내 우리는 그 찾고 찾던 인형을 볼 수 있는 집에 도착했다. 집 앞에는 플라스틱 눈이 덮인 전나무가 있었다. 가이드는 그것을 가리키며 웃으며 말했다.

"이곳이 가장 아름다운 계절은 크리스마스예요. 이 집에서는 일 년 내내 크리스마스를 느낄 수 있고요."

"플라스틱 눈이 녹지 않아서요?" 누군가가 비꼬듯 말했다.

"아뇨. 여기에서 크리스마스 극을 공연하는 인형들이 일하고 있거든요. 우리가 곧 보게 될 인형들도 있지요."

그러니까 크리스마스도 하나의 인형극이구나, 나는 생각했다. 들어가자마자 일본어로 쓰인 다음과 같은 설명이 보였다. "진짜 진짜 독일 인형은 **바로** 호두까기 인형입니다!" 무엇이 그렇게 진짜 독일적인 것인지 알 수 있다는 듯, 우리는 인형을 뚫어지게 바라보았다. 호두까기 인형은 장난감이지만 놀기보다는 일하기를 좋아하는 장난감이다. 그의 임무는 견고한 견과를 깨뜨리는 것이다.

그래서 진짜 독일적인 것이라는 걸까? 호두까기

인형은 본래 수공예 장인의 걸작이었다. 동시에 인형 자신이 장인이기도 했다. 손이 아니라 입으로 일하는 장인. 그것이 진짜 독일적인 것이라는 것의 의미일까? 그의 입안으로 훌륭한 이빨들이 보였다. 그 입을 열면 그의 가슴에는 보는 사람이 아플 만큼 큰 구멍이 생겼다. 그는 심장이 없었다. 또 군복을 입고 엄격한 자세를 취했는데도 익살맞고 약간은 아이 같아 보였다.

좁은 골목길에서 나는 나를 몰래 지켜보는 여러 개의 눈을 느꼈다. 작은 쇼윈도에 나란히 앉아 있는 테디 베어 다섯 마리였다. 일본의 테디 베어들과는 달리 이 테디 베어들은 호기심, 배고픔, 악의를 망설임 없이 표현하고 있었다.

"얘들은 전혀 귀엽지가 않네요. 진짜 곰처럼 생겼어요!" 그룹의 한 여성이 이렇게 외쳤고, 자신이 지난가을 자기 마을 근처에서 곰들을 여러 번 보았다고 이야기했다. 일본에는 아직도 곰이 많다. 도쿄와 오사카만 아는 사람은 믿기 힘들겠지만 말이다. 일행 중 몇몇은 이 헝겊 곰 인형들을, 우리가 실제 보지 못했던 독일 곰에 대한 추억의 기념품으로 구입했다.

독일에는 이제 곰이 없어요. 가이드가 말했다. 테디 베어는 20세기 초, 진짜 곰이 독일 숲에서 사라질 위기에 처했을 때 만들기 시작했어요. 테디 베어는 이제 더는 존재하지 않는 실제 곰의 대체물인 셈이지요.

　　　　인형과 장난감 박물관을 관람한 뒤, 나는 가족에게 엽서를 하나 재빨리 썼다. "특이한 장난감 상자 같은 로텐부르크 옵 데어 타우버에서 수수께끼 같은 빵을 하나 먹었어." 우표를 사려고 우체국에 갔을 때 우체국 벽에서 검은 새 한 마리를 보았다. 새는 내 엽서를 일본으로 가져다줄 배달원이었다.

통조림 속의 낯선 것

어느 도시에나 글을 못 읽는 사람들은 놀라울 정도로 많다. 그들 중 어떤 사람들은 글을 읽기에 아직 너무 어려서 그렇고, 어떤 사람들은 글을 읽는 것을 거부해서 그렇다. 또 다른 글자와 같이 살아가는, 외국에서 온 수많은 관광객들과 노동자들도 이에 속한다. 이들의 눈에 도시의 모습은 수수께끼이거나 베일에 싸여 있다.

함부르크에 처음 왔을 때 독일어 알파벳은 다 알고 있었지만 단어들의 뜻은 몰랐기 때문에 글자들을 매번 한 자 한 자 뚫어지게 쳐다보았다. 예를 들어 날마다 버스 정류장에서 광고를 보았지만 그 상품의 이름을 읽어본 적은 한 번도 없었다. 그 광고들 중 가장 아름다운 포스터에 "S"라는 글자가 일곱 번 나온다는 것만 알았을 뿐이다. 나는 그 글자가 뱀의 형체를 떠올리게 한다고 생각하지도 않았다. "S"뿐만 아니라 다른 글자들도 살아 있는 뱀과 비교해보면 살덩이도 축축함도 없었기 때문이다. 나는 입안에서 "S"의 음을 반복해보았고, 그때 내 혀에서 갑자기 아주 낯선 맛이 난다는 것을 깨달았다. 그때까지 나는 혀에도 어떤 맛이 있다는 것을 모르고 있었다.

그 당시 버스 정류장에서 만나 알게 된 여자가 있었는데, 그녀의 이름은 "S"로 시작하는 사샤였다. 나는 그녀가 글을 못 읽는다는 것을 바로 알아차렸다. 그녀는 나를 볼 때마다 관심 있게 아주 집중해서 뚫어지게 쳐다보면서도 내 얼굴에서 무엇인가를 읽어내려고 하지는 않았다. 당시에 나는 사람들이 내 얼굴을 글을 읽듯 읽어낼 수 없으면 불안해한다는 것을 경험상 알고 있었다.

얼굴의 낯선 표정이 가면과 자주 비교된다는 것은 이상한 일이다. 이러한 비교를 하는 바탕에는 낯선 표정 뒤에서 낯익은 표정을 찾아내려는 소망이 깔려 있는 걸까?

사샤는 글을 못 읽는다는 것과 관련된 모든 일을 아주 마음 편히 받아들일 수 있었다. 그녀는 "읽어내려고" 하지 않았고 모든 것을 정확하게 관찰하려고 했다. 사샤는 오십 대 중반이었다. 사샤의 머리카락 색은 이제 기억나지 않는다. 나는 어린 시절에 그런 것을 배운 적이 없어서 독일 사람들처럼 머리카락 색으로 사람을 구분해서 기억하지 않는다.

사샤는 친구를 마중하러 가끔 이 버스 정류장에 나와 있었다. 사샤의 친구 소냐가 혼자서 버스에서 내릴 수 없었기 때문이다. 소냐는 팔과 다리가 불편해서 원하는 대로 움직이기가 어려웠.

사샤는 소냐의 팔과 다리를 같이 누르면서 그녀의 이름을 여러 차례 불렀다. 마치 그 이름이 팔다리를 하나의 통일된 몸으로 만들어줄 듯 말이다.

사샤와 소냐는 한집에 살고 있었다. 일주일에 세

번 관리인이 와서 서류로 처리해야 하는 일들을 모두 다 해주고 갔다. 글자를 읽고 쓰는 것을 제외하고는 그들은 사람이 살면서 해야 하는 일들을 모두 다 해낼 수 있었다.

        나는 그 집에 여러 번 초대받아 가서 커피를 마셨다. 사샤와 소냐는 나에게 무엇을 물어보는 법이 없었다. 보통은 이런 식의 질문을 받았는데 말이다. "일본 사람들은 이러저러하다던데 그 말이 맞나요?" 사람들은 대체로 신문이나 잡지에서 읽은 것이 정말인지를 알고 싶어 했다. "이러저러한 것은 일본에서도 똑같이 그런가요?"라고 시작하는 질문도 자주 받는다. 나는 이런 질문에 답을 제대로 해줄 수가 없었다. 두 문화의 차이를 묘사해보려 했지만 모조리 다 실패했다. 차이는 낯선 글자들처럼 내 피부에 바로 덧입혀져서 느낄 수는 있었지만 읽을 수는 없었기 때문이다. 낯선 음향, 낯선 시선, 낯선 맛은 모두 몸 자체가 변할 때까지 내 몸에 편안하게 받아들여지지 않았다. 예를 들어 독일어의 "O" 발음은 내 귀에 너무 깊숙이 들어왔다. "R" 발음은 내 목을 할퀴었다. 소름 돋는 독일어 관용어도 있었다. 예를 들어 "신경질이 나다"라는 뜻인 "신경 위로 가다(auf die Nerven gehen)"라든지, "넌더리가 나다"를 뜻하는 "콧속이 잔뜩 차다(nase voll sein)"라든지, "일이 잘못되는 것"을 뜻하는 "바지 속으로 가다(in die Hose gehen)" 같은 말 말이다.

내 입에서 나오는 대부분의 단어들은 내 감정과 딱 맞아떨어지지 않았다. 그때 나는 모어에도 내 마음과 딱 맞아떨어지는 단어란 없다는 것을 알게 되었다. 낯선 외국에서 살기 시작할 때까지 그것을 자각하지 못했을 뿐이다.

가끔 나는 모어를 유창하게 말하는 사람들을 보면 구역질이 났다. 그 사람들은 착착 준비해 척척 내뱉는 말 이외의 다른 것은 생각하거나 느끼지 않는다는 인상을 주었기 때문이다.

우리 버스 정류장에서는 광고 포스터뿐만 아니라 음식점 간판들도 몇 개 보였다. 그중 하나는 "금룡(金龍)"이란 상호를 가진 중국 음식점 간판이었다. 두 글자는 금색과 초록색으로 번쩍번쩍 빛이 났다. 간판을 오랫동안 보고 있는 사샤에게 첫 번째 글자는 "금"을, 두 번째 글자는 "용"을 뜻한다고 설명해주었다. 사샤는 두 번째 글자는 "진짜" 용과 비슷한 모양을 가졌다고 말했다. 정말 이 글자는 용처럼 생겼다고 할 수도 있었다. 오른쪽 위의 작은 네모는 용의 머리 같았고, 오른쪽 획들은 용의 등을 연상시켰다. 그러나 사샤는 그것이 용 모양 그림이 아니라는 것을 알고 있었다. 내게 저걸 **쓸 줄** 아느냐고 물었기 때문이다.

몇 주가 지난 후 사샤는 나에게 찻잔 하나를 보여주면서 거기에서 "용"이라는 글자를 찾아냈다고 이야기해주었다. 진짜로 그 글자가 찻잔에 쓰여 있었다. 사샤는 이 잔을 가게에서 발견하자마자 사 왔다고 했다. 태어나서 처음으로 그녀는 뭔가를 읽을 수 있었던 것이다. 나는 그녀에게 더 많은 글자를 가르쳐줄 것이다. 사샤는 "알파벳"을 읽을 수 없으니 문맹으로 남겠지만, 이제 문자 하나를 읽을 수 있게 되었고 알파벳이 이 세상의 유일한 문자 체계가 아니라는 것을 알게 되었다.

버스 정류장에는 작은 가게가 하나 있었는데 사샤는 소냐에게 주려고 가끔 그 가게에서 비누를 샀다. 소냐는 이 비누, 정확히 말하면 이 비누의 포장지를 좋아했다. 그러나 비누의 포장지는 사기라고 할 수 있다. 내용물은 비누인데 포장지에는 나비와 새와 꽃 그림이 있었기 때문이다. 내용물과 상관 없는 것이 그려져 있는 상품은 그렇게 많지 않다. 소냐는 사샤가 비누를 사주면 비누 포장지를 바로 벗겨보고 다시 싸놓았다.

언젠가 산 비누 상자에는 피닉스가 그려져 있고 세련된 글씨로 "비누"라고 쓰여 있었다. 물론 소냐는 읽을 수 없었다. 소냐가 아는 것은 피닉스 그림과 비누라는 내용물뿐이었다.

당시에 나는 글자가 쓰여 있으니까 포장지에 비누 대신에 피닉스를 그렸다고 생각했다. 만약 글자가 없다면 내용물의 의미를, 즉 비누가 안에 들어 있다는 사실을 어떻게 붙들어둘 수 있겠는가? 그러지 않으면 비누는 시간이 지나면 피닉스로 변해 날아가버릴지도 모르는 일이다.

한번은 슈퍼에서 작은 통조림을 한 통 샀다. 통조림에는 일본 여자 그림이 있었다. 집에 와서 통조림을 땄더니 그 안에는 참치가 들어 있었다. 일본 여자는 오랜 항해 끝에 한 덩어리 생선 살로 변한 것처럼 보였다. 이 놀라운 경험을 한 것은 일요일이었는데, 나는 일요일에는 글이라면 어떤 것도 읽지 않겠다고 결심을 한 터였다. 그 대신에 나는 거리에서 사람들을 관찰했다. 마치 그들이 하나하나 낱낱의 글자인 것처럼 말이다. 때로는 몇몇 사람들이 카페에 앉아 있었다. 그리고 그들은 한참 동안 같이 모여서 한 단어를 만들어냈다. 그다음에 그들은 새로운 단어를 만들기 위해 헤어졌다. 이 단어들의 조합으로 우연히 문장들이 여러 개 만들어져 내가 이 낯선 도시를 텍스트처럼 읽어낼 수 있는 순간이 있었음이 틀림없다. 그러나 이 도시에서 어떤 문장을 발견한 적은 한 번도 없다. 낱낱의 글자와 한 문화의 "내용"과는 직접적인 관련이 없는 몇몇 단어만을 가끔 발견했을 뿐이다. 이 단어들은 이따금씩 내가 바깥의 포장지를 열고 그 아래에서 또 다른 포장지를 발견하고 싶게 자극을 주었다.

"사실 아무에게도 말하면 안 되지만
유럽은 존재하지 않는다"

1

내 소설 『목욕탕』의 등장인물인 크산더와 나눈 대화가 기억난다. 당시에 크산더는 "하얀" 피부가 정말 몸의 일부분이라고 생각했고 말의 은유라고는 생각하지 않았다.

"정말로 피부에 색깔이 있다고 생각해요?" 나는 뭘 가르치려는 투로 이야기하지 않으려고 애쓰면서 주저하며 물어보았다.

그는 조금 웃더니 대답했다. "뭘 그런 걸 다 물어요. 아니면 당신은 혹시 색깔이 당신의 살 속에서 나온다고 생각하나요?"

나는 물리 선생님처럼 해명했다.

"살도 마찬가지로 색깔이 없지 않나요. 색깔은 피부 표면에서 빛이 유희를 하면 생겨나는 것이에요. 우리 안에는 어떤 색깔도 없어요."

크산더는 불만스러운 표정을 씻느니 밀했다. "하지만 빛은 당신들 피부에서는 우리의 피부에서와는 다르게 유희하던데요."

그가 "당신들"과 "우리"라는 두 단어를 그렇게 강조한 것이 나를 놀라게 했다. 나는 그가 말하는 의도를 알 수 없었다. "백인"으로서의 정체성이 그에게 정말 중요하다면, "백인들" 중 종이색 피부를 가진 사람은 없다고,

백인들의 공통점은 어디 다른 데에서 찾아야 한다고 말하는 것이 옳지 않을까.

그는 마치 자기가 하얀색 피부를 갖고 있다는 것을 확인하려는 듯이 오른팔을 왼손으로 문질렀다.

나는 대답했다. "빛은 모든 피부에서 다 다르게 유희해요. 사람마다, 달마다, 날마다 다 다르게요."

빛이 없다면 색깔도 없다. 그리고 어둠을 부정적으로 생각하지 않으면서 어둠 속에 있으면 우리는 일상의 이미지에서 눈을 해방시켜줄 기회를 얻게 된다.

우리에게 눈으로 지각하는 일은 너무나 쉽게 일어나서 모두들 지나치게 수동적이 될 수밖에 없다. 우리는 게으르기 때문에 빛의 유희를 언어로 옮기기보다는 언어의 이미지를 시각으로 옮긴다. "저 사람 흑인이야"라고 뇌가 말하면 눈은 이제 더 이상 그 피부의 색을 실제로 보려 하지 않는 것이다.

2

나는 머리카락 색깔이나 눈 색깔을 유심히 살펴보는 습관이 없어서 유럽 사람들의 머리카락이나 눈이 한낮의 빛에서 나와 다른 색으로 반사된다는 사실에 그다지 신경을 쓰지 않았다.

그 대신 내 눈길을 강하게 끈 것은 유럽 사람들의 몸은 항상 어떤 시선을 찾는다는 사실이었다. 얼굴뿐만 아니라 손가락과 심지어는 등까지 항상 어떤 시선을 찾고 있다. 그래서 사람들은 모두 항상 다른 사람의 몸에 시선을 되돌려줄 의무가 있다. 그것뿐만이 아니다. 눈도 이에 대하여 반응을 보여줄 의무가 있다. 부정적인 반응을 보이는 것은 용서가 될지언정 아무런 반응도 보이지 않는 것은 용서가 되지 않는 것이다. 나는 종종 이 과제가 너무 벅차서 전철이나 버스에서 눈을 감아야 했다. 내가 다른 사람에게 아무런 시선을 던지지 않아 길거리에서 공격적인 말을 듣게 되는 것도 드문 일이 아니었다. 나는 사람을 눈으로만 인지하고 싶지는 않다. 모든 외형에 대해 의견을 표명하고 싶은 마음은 더욱 없다. 그러면 반대의 과정이 일어나게 될 것이기 때문이다. 즉 그러면 내 몸도 다른 사람들의 시선을 통해서 항상 새롭게 다시 만들어져야 할 테니까 말이다.

보이고 싶어하고 보여야 하는 몸은 유럽의 몸이다. 이때 나르시시즘까지 등장할 필요는 없다. 오히려 이러한 욕구의 밑바탕에는 보이지 않는 것은 언제든지 사라질 수 있다는 걱정이 깔려 있다고 할 수 있다.

3

"유럽"이라는 단어를 들으면 두 명의 무대 인물이 떠오른다. 한 명은 여성이고 한 명은 남성이다.

유럽이 남성일 때는 무엇보다도 관객들의 관찰을 원한다. 사람들은 그를 비난해서도 안 되고 이 인물이 존재하지 않는다고 이야기해서도 절대 안 된다. 이 인물을 비판하기란 쉽지 않다. 자기 스스로 늘 비판을 하고 사실상 너무나 재빠르게 그리고 너무나 잘해서, 다른 사람 그 누구도 그 자신보다 그를 더 잘 비판할 수 없기 때문이다. 그러다가 다른 문화가 자기의 영향을 너무 많이 받으면 다른 문화까지 비판한다. 예컨대 이런 식이다. "왜 너는 너 자신으로 머물지 않아? 왜 너는 나를 따라 해? 사실 나도 별 볼 일 없는데."

유럽은 비판하는 데 달인이고 이것이 유럽이 지닌 특징 중 하나다. 만약 유럽이 비판을 하지 않으면 유럽이란 건 사라져버린다. 유럽은 존재감이 없는 것에 대해 가장 많이 겁을 낸다. 나 또한 유럽을 비판하려고 해본다. 유럽이 나에게 그런 요구를 하기 때문이다. 그렇지만 성공하지 못한다. 기껏해야 유럽이 이미 한 적이 있는 자기비판을 반복할 뿐이다. 더 나은 비판은 떠오르지 않는다. 나에게는 비판이 나 자신에 대해서나 낯선 것에 대해서나 생산적이었던 적이 한 번도 없다. 그러나 유럽에게 자신이나 다른 사람을 비판하지 않는다는 것은 명예롭지 못하고 기만적인 데다가 거의 비도덕적이기까지 한 것이다. 유럽은 결코 다른 사람이나 사건이나 기구에 대해 이야기할 때 비판을 하지 않고 이야기하는 법이 없다. 모든 것이 나쁘다고 이야기하려는 것이 아니라 비판은 그들 사고의 기본 형식이기 때문이다.

4

여성 인물인 유럽은 신화의 시대에 사라져버렸다고 한다. 나는 가끔가다 술집에서 기사로 변장한 유럽인이 사라져버린 유럽에 대해 이야기하러 단골집에 와 앉아 있는 것을 본다. 그들은 이 인물이 사라져버렸다고 매번 다시 한 번 확인하고 어떻게 하면 다시 찾을 수 있을지에 대해 의논한다. 이때 그들은 좋은 포도주를 마시고 한참 뒤에 평화롭게 집에 돌아간다. 기사들은 정말 중요한 인물이 사라져버린 양 행동할 뿐이고 그 인물에게 유럽이라는 이름을 붙인 것이라고 나는 추측한다. 왜냐하면 그들에게는 잃어버림으로써 이상화할 수 있는 존재가 필요했기 때문이다.

내가 어떤 시에서 유럽은 존재하지 않는다고 썼을 때 결코 나는 그것을 잃어버렸다고 이야기한 것이 아니다. 나는 오히려 유럽이란 이미 처음부터 사람들이 사라져버린 인물로서 꾸며낸 것이라 주장하려 했다.

때로 이 개념으로만 만들어진 인물에 몸을 만들어주고픈 욕구를 느낀다. 그러나 그것은 불가능하다. 내가 "유럽은 중이염을 앓고 있다" 혹은 "유럽의 새끼손가락은 약손가락보다 길다"라고 말하면 그 귀와 손가락은 은유로 바뀌고 그 몸은 그때 또다시 육체성을 상실하기 때문이다.

5

오로지 유럽의 음악만이 진짜 음악이라는 생각은 유럽보다 일본에 훨씬 더 널리 퍼져 있는 것 같다. 많은 일본인들이 아무런 망설임 없이 문화라는 것을 유럽 중심적으로 생각한다. 그들의 눈에 유럽의 문화는 다른 사람들이 쉽게 모방할 수 있기 때문에 결코 유럽인들만의 재산이 아니다. 그들에게는 유럽의 문화를 가장 잘 모방하는 문화가 가장 훌륭한 문화인데, 이때 유럽 문화는 절대로 정답이 아니며 예를 들어 일본 문화가 그렇다. 이러한 왜곡된 민족주의는 오늘날 일본의 일상이 되었다.

일본은 유럽 안에 존재하지 않지만 그렇다고 유럽 바깥에서 찾을 수 있는 것도 아니다. 나는 유럽을 보기 위해 일본이라는 안경을 써야 한다. "일본적 시각"이라는 것은 현재에도 없고 과거에도 없었기 때문에—나로서는 전혀 유감스럽지 않은데—이 안경은 허구인 것이고 늘 다시 만들어내야 한다. 내 일본적 시각은 일본에서 태어나고 자랐다는 사실에도 불구하고 전혀 믿을 만하지 못하다.

　　　　내 일본 안경은 가게에서 쉽게 살 수 있는 것이 아니다. 기분에 따라 썼다 벗었다 할 수도 없다. 이 안경은 눈의 통증에서 생겨나, 내 살이 안경 속으로 자라 들어간 것처럼 안경도 살 속으로 자라 들어갔다.

6

유럽이 어떤 인물이 아니라 이미지들을 합해놓은 것이라고도 생각할 수 있다. 나는 모아놓은 예쁜 우편엽서 몇 장을 꺼내 들고 상상의 세계를 만들어낼 수도 있다. 그러나 여기에서는 이런 일을 하지 않으려 한다. 왜냐하면 이 결과는 단순히 뒤섞어놓은 오리엔털리즘에 불과할 수도 있기 때문이다.

　　　　이 이미지들은 언제나—직접적이든 간접적이든—눈으로 하는 지각과 관련이 있다. 그러나 나는 유럽을 눈이 아니라 혀로 감지하고 싶다. 혀로 유럽의 맛을 느끼고 **유럽을 말하면** 아마도 관찰자와 대상의 경계를 넘어설 수 있을 것이다. 먹은 것은 위로 들어가고 말한 것은 뇌를 거쳐서 살로 들어갈 것이기 때문이다.

7

유럽에 왔을 땐 유럽에 대해 아무런 이야기도 할 수 없었다. 새로운 동료들이 이해할 수 있는 말을 그때는 할 수 없었기 때문이다. 나는 크산더가 하는 말을 그대로 반복하면서 점차 크산더의 말을 배웠다.

내가 지금 유럽에 대하여 말하고 있는, 현재 사용하는 이 말 역시 유럽의 말이다. 말뿐만이 아니라 비유나 억양도 유럽의 것이고 내 것은 아니다. 나는 유럽 안에서 유럽을 반복하고 있다. 유럽에 대하여 말하기 시작하자마자 유럽을 반복하게 된다. 그래서 나는 말하는 것을 중단한다. 유럽을 대할 수 있는 다른 방법을 생각해내야 한다.

이 도시에는 귀에 금속 조각을 달고 다니는 여자들이 많다. 사람들은 일부러 귓불에 구멍을 뚫는다. 처음 이 도시에 왔을 때 이 금속 조각들에 무슨 의미가 있는지 물어보고 싶었다. 그렇지만 거기에 대해서 그렇게 대놓고 물어봐도 되는지는 자신이 없었다. 내가 가진 여행 안내서에는 예컨대 유럽에서는 아직 친하지 않은 사람들에게 그 사람의 몸이나 종교와 직접 관련된 일에 대해 물어봐서는 안 된다고 적혀 있었다. 가끔은 이 금속 조각이—특히 낫이나 화살, 혹은 닻 모양일 때는—일종의 부적이 아닌가 하는 생각이 들었다.

처음에 이 도시는 그다지 위험해 보이지 않았다. 그렇지만 그렇다면 왜 그렇게 많은 여자들이 부적을 달고 거리를 다닐까? 물론 혼자서 시내를 돌아다니는 것은 때로 으스스할 수 있다. 이 도시에는 도대체가 사는 사람들 자체가 너무나 적다. 심지어 대낮에도 정류장에서 집으로 갈 때까지 한 사람도 못 만나는 일도 있다.

귀의 금속 조각이 부적의 일종이라면 왜 여자들에게 그렇게 인기가 있을까? 나는 여자들이 부적의 힘을 빌려 막아야 할 악한 귀신의 이름을 알지 못한다. 이들은 나에게 그 이름을 가르쳐주지도 않았고 나 자신이 알려고 한 적도 없다. 일본에서는 악한 귀신의 이름은 함부로 불러서는 안 된다고 말한다. 그러면 그 악한 귀신이 진짜로 나타나기 때문이다. 그래서 사람들은 이름을 에둘러서 불러야 했다. 예를 들어 그의 이름을 말하는 대신에 그냥 "거시기"라고 부른다.

나랑 같은 집에 살고 있는 길다라는 여대생은 항상 귀에 삼각형 금속 조각을 달고 다닌다. 우리가 처음으로 이야기를 오랫동안 나눈 날, 길다는 자기 대학교에서 쉰다섯 살 된 도서관 사서가 바로 전날 자살을 했다고 말해주었다. 그 사서는 죽을 때까지 도서관의 자기 부서에 컴퓨터가 들어오는 것을 거부했다. 길다 말마따나 그 여자가 그리 현명했다고 볼 수는 없는데 컴퓨터는 그냥 도구일 뿐 괴물이 아니라는 것을 도통 이해하지 못했기 때문이다. 어쩌면 컴퓨터를 들인 것이 자살한 이유가 아닐 수도 있다. 그녀는 이미 십 년 전부터 심각한 우울증을 앓고 있었다고 한다. 길다는 그녀가 혼자 살고 있었다고 말하면서 검지로 자기의 삼각형 금속 조각을 건드렸다.

나는 길다에게 이 금속 조각에 무슨 의미가 있느냐고 물었다. 길다는 놀란 표정으로 나를 쳐다보더니 지금 "귀고리" 이야기를 하는 것이냐고 물었다. "고리"라는 말은 나를 좀 불안하게 만들었다. 길다는 시큰둥하게 귀고리는 그냥 장신구이지 특별한 의미는 없다고 말했다.

짐작처럼 길다는 귀고리의 의미에 대해 말하고 싶어하지 않았다. 그 대신에 노동자 계층 여자들은 어렸을 때부터 귀고리를 하고 다니고, 많이 배운 여자들은 귀에 구멍을 늦게 뚫는 편이라고만 이야기해주었다.

나는 어떤 책에서 성년식을 거행할 때 성기의 일부를 잘라내는 문화가 존재한다고 읽은 적이 있다. 성기는 그때 몸의 다른 부분으로 대체될 수 있다. 예를 들어 발 같은 것으로. 이 경우 귀고리가 아니라 귓불의 구멍이 그런 의미를 갖게 된다.

그런데 길다는 무엇이 그렇게 겁이 났을까? 어느 날 길다는 창가 선반에 도자기로 만든 개 두 마리를 올려놓았다. 내가 선물한 화분은 거기에 올려놓고 싶어하지 않았다. 이 개들은 그곳에서 하루 종일 집을 지켜야 했다. 일본의 신사에서 돌로 만든 개들이 하듯 말이다. 길다는 ——혼자 집에 있을 때— 때로 모르는 사람이 창밖에서 방 안을 들여다보는 것 같은 느낌이 든다고 했다.

한번은 길다가 한밤중에 나에게 와서 자기 컴퓨터에 문제가 생겼다고 이야기했다. 나는 길다가 그 일 때문에 자고 있는 나를 깨웠다는 게 놀라웠다. 왜냐하면 길다는 내가 컴퓨터에 관해서 완전히 무지하다는 것을 잘 알고 있었기 때문이다. 그렇지만 곧 문제가 무엇인지 알았다. 길다는 컴퓨터 안에 이상한 게 살면서 문장들을 만들어낸다고 우겼다. 길다는 논문에 매번 자기가 쓰지도 않은 문장들이 있다고 주장했다. 길다는 그 문장들이 너무나 저 속하기 때문에 예시로도 말하고 싶어하지 않았다. 나는 길다에게 컴퓨터에 부적을 하나 달아놓으라고 조언해주었다. 그러면 악한 귀신이 컴퓨터를 떠나고 새로운 귀신도 들어올 수 없을 것이라고. 나는 그것을 "악한 귀신"이라고 불렀는데, 왜냐하면 그것 말고는 부를 만한 다른 적당한 이름이 떠오르지 않았기 때문이다.

길다가 고른 부적은 내가 생각했던 것과는 달랐다. 나는 갈대로 만든 인형이나 뱀 가죽 조각을 상상했다. 그러나 길다는 친환경 식료품 가게에서 스티커를 세 개 사 왔다. 스티커에는 그림이 있었다. 그 그림은 악한 귀신을 나타내는 것일 것이다. 자동차, 원자력, 무기. 스티커마다 이렇게 쓰여 있었다. "나인, 당케."*

악한 귀신을 거부하면서 동시에 악한 귀신에게 감사하다고 말하는 것이 나로서는 지나치게 예의 바른 것 같았지만 어쩌면 적에게는 그 어떤 공격심도 유발하지 않는 "당케"라는 말을 하는 것도 나쁘지 않을 것이다.

길다는 그 스티커를 컴퓨터 앞에다 붙여놓더니 흡족해했다. 한 주가 지나자 길다는 스티커를 더 사서 자전거와 냉장고, 현관문에도 붙여놓았다.

나는 길다가 그것 때문에 마음을 완전히 놓고 있

---

* Nein, danke. "아니요, 고맙지만 괜찮습니다"라는 뜻의 독일어.

었다고는 생각하지 않는다. 길다의 컴퓨터는 다시 깨끗해졌지만 이제 그 대신 낯선 귀신이 자기 몸 안으로 들어갔다고 생각하는 것 같았다. 길다는 커다란 호랑이 머리 그림이 있는 스웨터를 샀다. 호랑이는 길다에게 다가오는 사람들을 모두 무시무시한 눈초리로 쳐다보았다. 길다는 죽은 동물의 가죽으로 만든 윗옷도 하나 샀다. 또 레오파드 가죽으로 만든, 딱 달라붙는 바지도 샀고 삼각형 금속 붙이가 달린 허리띠도 샀다. 나는 이제 길다가 사자 얼굴 가면을 쓰고 나타난다고 해도 놀라지 않을 것 같았다.

이 모든 것에도 불구하고 길다는 마음을 놓지 못했다. 예를 들어 저녁 때 길다 혼자 부엌에 앉아서 수프를 먹는데 자기가 하루 종일 피해 가려 했던 바로 그것이 수프 안에 들어 있다는 느낌을 받았다고 했다. 그러더니 몇 주 동안 단식을 하겠다고 말했다. 음식 안에는 해로운 것들이 너무나 많다는 이야기도 했고 어쨌든 자기는 살도 쓸데없이 너무 많이 쪘다고도 이야기했다. 길다는 뚱뚱하지 않았지만 자기 살 속에서 이상한 낯선 물질 같은 게 느껴진다고 생각했기 때문에 자신의 살을 사랑할 수가 없었다. 길다는 이 낯선 것을 화학이라고 불렀다. 모든 문화는 모두 많든 적든 간에 정화 의식을 치른다. 하지만 이 도시에서는 어떤 날 어떤 시간 어떤 기도로 이 의식을 시작하는지가 정해져 있지 않았다. 명확한 규정도 없고 적어도 내가 규칙이라고 인식할 만한 것도 없다. 어느 날 길다는 단식에 관한 책을 샀고 며칠 후에 계단에서 만났을 때는 이미 단식을 진행 중이었다. 길다의 얼굴은 보통 때처럼 길쭉하지 않고 마치 피부 아래에 물이 고인 것처럼 오히려 둥글어 보였다. 길다의 귀에 달린 금속 조각은 보통 때보다 무겁고 차가워 보였다. 나는 그녀에게 해주고 싶은 말을 꿀꺽 삼켰다. 왜냐하면 내가 그녀와 같은 독일어로 말하며 살아가고 있음에도 불구하고 갑자기 길다가 나를 이해하지 못하는 낯선 사람인 것처럼 보였기 때문이다.

　　　길다의 문에서는 스티커가 매끈거리는 금속 표면에서 떨어져 나오고 싶어하며 펄럭거렸다.

전철에서 책 읽기

도쿄 사람들은 집이나 도서관이 아니라 언제나 전철에서 책을 읽는다. 전철에서는 익명성이 주어지기에 충분한 시간을 누릴 수 있다.

전철에서 책 읽는 사람들에게는 특이한 습관이 있다. 그들은 책을 얼굴에 바싹 대고 읽는다. 그래서 책으로 얼굴을 가리려고 하는 것이 아닌가 하는 느낌도 쉽게 든다. 책은 읽는 사람들의 얼굴에 두 번째 이름과 호칭을 주는 마스크라 할 수 있다.

책을 손에 들고 잠든 사람들은 글자에서 올라오는 책 냄새를 들이마시려는 것처럼 보인다.

책을 들고 있는 손가락들은 독서를 하는 사람들마다 모두 다른 형태를 갖게 된다. 손가락들은 책의 내용이나 책을 읽는 사람들의 자아 이미지와 아무 상관이 없는, 정말로 다양한 표정을 만든다. 책을 읽는 사람들의 손가락들은 서로 아무도 못 알아듣는 대화를 나눈다. 그들의 제스처 언어는 전철의 밀어가 된다.

때로 책에서 나오는 것 이외에 다른 목소리는 아무것도 듣지 않으려는 듯 오른손 둘째손가락으로 귓구멍을 막는 사람들도 있다. 때로 둘째손가락은 귀의 깊숙한 곳에서 나오는 기억을 낚아채는 낚싯대가 되기도 한다. 태양은 책의 겉표지에 비치고, 나무 그늘은 오른쪽에서 왼쪽으로 이동한다. 글자는 위에서 아래로 이동한다. 나무와 글자는 종이 위에서 서로 충돌하지 않는다. 그렇게 해서 우리는 책의 페이지에 여러 차원이 있다는 것을 알게 된다.

한 아이가 책의 같은 페이지를 온갖 방향에서 다시 또다시 보고 있다. 아이가 머리를 움직일 때마다 입술에는 미소가 나타난다. 아이는 책장을 넘기지 않고 같은 페이지에 계속 머물러 있다.

책 읽는 사람 오른쪽에 앉은 여자는 책 읽는 사람을 보지 않는다. 여자는 내내 오른쪽만 보고 있다. 그러지 않으면 자신의 호기심을 억제하지 못하리라는 듯이 말이다. 옆 사람의 책을 몰래 같이 읽는 것은 전철 승객으로서는 가장 파렴치한 행위로 간주된다. 여자가 그 책을 도서관에서 보았다면 그 내용에 전혀 관심이 없었을 것이다. 전철을 타고 이동하는 동안 사람들은 보통 때라면 결코 읽지 않았을 책에 관심을 갖게 된다.

전철에 터질듯이 사람들이 많이 있어도 거기에서 책을 읽는 사람들에게는 결코 좁지 않다. 책의 페이지들은 책 읽는 사람의 몸에 무한히 큰 공간을 만들어준다.

아이들은 마치 양 떼처럼 같이 서서 몸을 서로 민다. 아이들은 모두 자기 책을 읽는다. 그들은 서로 아무 말도 하지 않으면서 점점 더 가까워진다.

막 책장을 넘기는 한 아이의 오른손 두 번째 손가락이 이미 읽은 페이지에 딱 붙어서 그 페이지를 떠나지 않는 일이 가끔 일어난다. 시선은 다른 곳으로 계속 이동하지만 손가락은 같은 자리에 머물러 있다.

교복을 입은 다섯 아이가 전철에 서서 책을 읽으면 그들의 책은 똑같은 높이에 계속 들려 있다. 어떤 아이도 책의 높이에 신경을 쓰지 않는다. 높이를 정하는 것은 아이들이 아니고 그들의 책이다. 책들은 서로서로 쳐다보면서 실시간으로 조정을 한다.

책 읽는 사람 옆에서 잠이 드는 사람은 꿈속에서 책의 주인공을 만난다. 잠을 잔 사람이 어느 날 우연히 그 책을 읽으면 그는 책의 주인공이 잘 아는 사람인 것처럼 느껴져 놀란다.

책을 읽는 동안 피부가 돌처럼 변하는 여자들이 있다. 두 눈과 코, 입이 꾹 다물린 다음 얼굴에서 서서히 사라진다. 오로지 진주 목걸이와 손가락 반지만 점점 더 강하게 반짝거린다.

전철에서 읽는 책은 기댈 곳이 없다. 책들은 책상 위가 아니라 공중에 떠 있다. 때로 책들은 적당한 고도를 찾지 못해서 엘리베이터처럼 오르락내리락한다.

전철에서 읽는 책이 아주 작으면 책 읽는 사람의 양손가락들은 책의 뒷면에서 서로 만난다. 그러면 책 읽는 사람은 자기도 모르게 기도하는 사람의 동작을 취하게 된다. 책이 코 높이에 계속 있으면 이 기도는 하늘의 신에게 바치는 것이다. 반면 책이 배 높이에 있으면 그 기도는 지하의 신들에게 바치는 것이다.

가끔 책을 읽는 사람의 시선이 글에서 벗어난다. 시선은 공중에 머물다가 아무것도 보지 못한 채 다시 책으로 돌아온다. 책 읽는 사람들에게는 다른 승객들이 보이지 않는다. 그의 시선은 원래는 어딘가 다른 곳에 존재하는 공간을 잠시 여행하고 있는 것이다.

책을 읽는 동안 두 눈의 움직임을 다른 사람들에게 감추기 위해, 눈썹은 보통 때보다 길어진다. 책을 읽는 사람의 눈동자는 보이지 않는다. 계속 나타나는 두 눈가의 주름으로만 시각기관의 쉼 없는 움직임이 드러난다.

전철에서 책을 읽을 때 젊은 여자들은 군인처럼 똑바로 서 있다. 그에 반해 정장을 입은 남자 회사원들은 기분 좋은 고양이처럼 등을 구부리고 있다. 여자 한 명과 남자 한 명이 나란히 앉아서 책을 읽는다. 여자는 등을 바로 펴고 앉아 있고 남자는 등을 구부리고 앉아 있다. 두 사람은 입술 한번 움직이지 않는다. 열차가 서자 여자는 갑자기 놀라서 입을 열고 꽥 소리를 지른다. 우리 이번에 내려야 해! 이 말에 남자는 이제까지 자기 옆에서 책을 읽던 여자가 자기 부인이었다는 것을 깨닫는다.

고등학생 두 명이 한 권의 책을 같이 읽는다. 한 명이 책장을 넘겨도 되는지를 눈으로 물어보면 다른 사람은 고개를 가로로 혹은 세로로 흔든다. 그들은 마치 한 침대에 나란히 누워 있는 두 사람 같다.

　　　　책은 침대를 연상시킨다. 사람들이 그 안에서 꿈을 꾸기 때문이다.

　　　　마른 남자가 전철의 문고리를 잡고 기댄 채 책을 읽는다. 아마도 줄타기하는 사람의 이야기일 것 같다. 책을 넘길 때마다 그의 몸은 왼쪽으로 오른쪽으로 흔들린다. 이마에는 땀방울이 맺혀 있다.

　　　　중년 부인이 이중 초점 안경을 쓰고 책을 읽는다. 안경은 두 부분으로 나누어져 있다. 안경 아래쪽으로는 살아 있는 글자를 읽고 있고 위쪽을 통해서는 죽은 동상처럼 보이는 승객들을 본다.

　　　　시선은 폭력이다. 책들은 시선을 받아서 글자로 바꾼다.

　　　　승객의 체구가 작으면 작을수록 손에 든 책은 점점 더 커진다. 성인들의 책은 아이들의 그림책과 비교해보면 정말 작다. 아주 작은 아이가 엄청나게 큰 그림책을 펼친다. 그때 책은 자신의 움직임을 널리 전하는 성직자 같다. 다른 승객들은 —꽉 들어찬 전철에서도 가능한 한— 몸을 움츠리고 큰 공간을 만들어준다. 책을 읽을 때 그만큼 큰 공간이 필요하다고 누가 생각이나 해보았을까.

책 속의 책

사전 마을

다와다 요코가 일본어로 쓴 글을
페터 푀르트너가 독일어로 옮긴 글을
최윤영이 한국어로 옮김

辞書の村

暦を驚き騒がす教会の鐘が鳴る朝の五時に。がらんがらんと風が吹く。アラスカ鮭やカラスや林檎が、頭でっかちの樹木の枝から、ばらんばらんと振り落とされる。やわらかい土に、丼型の穴が開く。

その村には出来事というほどの出来事もない。その村は辞書の中から生まれた。だから、その村では突飛な物も驚くには値しない。場違いであっても恥じる必要がない。辞書の中に出てくる単語たちが、出てくる順番に、現実のものになっていって、そうして村ができ上がった。辞書ができてしまうと、それが何語の辞書であったのかは忘れられてしまった。辞書は自分の腹の中から単語

Das Wörterbuchdorf

Morgens um fünf Uhr. Die Glocken der Kirche schrecken den Kalender auf. Der Wind dröhnt. Die Alaska-Lachse, die Krähen und die Äpfel werden krachend aus den Ästen der großhäuptigen Bäume gefegt. In der weichen Erde öffnet sich ein topfförmiges Loch.

Alle Ereignisse in diesem Dorf sind keine echten Ereignisse. Denn dieses Dorf ist aus einem Wörterbuch geboren. Deshalb sind hier auch die sonderbarsten Dinge nicht wert, daß man darüber erstaunt. Und Verwechslungen brauchen einem hier nicht peinlich zu sein. Die Wörter, die aus dem Wörterbuch herausstiegen, verwandelten sich in der Reihenfolge ihres Erscheinens in wirkliche Dinge, und so eben entstand dieses Dorf. Und als das Dorf entstanden war, hatte man bereits vergessen, in welcher Sprache das Wörterbuch

아침 다섯 시. 교회 종소리가 달력을 깜짝 놀라게 하며 깨운다. 바람이 사납게 몰아친다. 알래스카 연어들, 학들, 사과들이 머리가 큰 나무들의 가지에서 와르르 떨어진다. 부드러운 땅에서는 냄비처럼 움푹한 구멍들이 열린다.

      이 마을에서 일어나는 모든 사건은 실제 사건이 아니다. 왜냐하면 이 마을은 사전이 낳은 마을이기 때문이다. 그래서 여기에서는 가장 특이한 물건들도 놀라워할 만한 가치가 없다. 여기에서는 착오를 했다고 부끄러워할 것도 없다. 사전에서 나온 단어들은 나온 순서에 따라 진짜 삶으로 변신을 하고, 그래서 방금 이 마을이 생겨났다. 그리고 마을이 생겨났을 때 사람들은 이 사전이 어떤 언어로 쓰였는지를 잊어버렸다. 단어들이 사전의 배에서 모두 다 빠져나간 다음, 사전은 매미 허물처럼 텅

が全部抜けてしまうと、蝉の抜け殻のようになって、翌日から降り始めて止むことのなかった秋雨に濡れて飴のように溶けてしまった。表紙のない辞書などというものは窓の無い空と同じで、一度溶けてしまえば歴史に残ることもなく忘れられてしまう。

この村には心を騒がせる事件は起こらなかった。だから、たとえば教会の鐘のような大きな音だけが興奮を引き起こし、うまくいけば、退屈しきった大使たちを陶酔状態まで持って行ってくれるかもしれなかった。大使たちは職業柄、退屈しやすい。大使は町に住むのが当然で、村に住んでいるはずがない。しかし辞書の村には確かに大使がいる。そんなところがまた辞書の村らしいと

verfaßt gewesen war. Nachdem alle Wörter aus seinem Bauch entwichen waren, blieb von dem Wörterbuch nur eine Art Zikadenschale übrig, die sich im Herbstregen, der am nächsten Tag unausweichlich zu fallen anfing, wie ein Bonbon auflöste. Schon ein Wörterbuch ohne Einband ist nun mal wie ein Himmel ohne Rahmen, und wenn es sich gar einmal ganz aufgelöst hat, ist es aus der Geschichte verschwunden und wird vergessen.

In diesem Dorf fällt nichts vor, was die Seele beunruhigt. Hier sorgt nur der Lärm der Kirchenglocke etwa für ein wenig Aufregung, die dann, wenn es gut geht, die zu Tode gelangweilten Botschafter in einen Rauschzustand versetzt. Botschafter sind schon von Berufs wegen leicht zu langweilen. Außerdem sollten sie in der Stadt leben und nicht in einem Dorf. Aber im Wörterbuchdorf gibt es tatsächlich Botschafter. Hierin liegt natürlich eine Eigentümlichkeit des

비게 되었고, 그다음 날 더는 피할 수 없다는 듯 가을비가 떨어질 때 사탕처럼 녹아내렸다. 표지가 없는 사전은 마치 테두리 없는 하늘과 같고, 완전히 다 녹으면 역사에서 사라지고 잊힌다.

   이 마을에서 영혼을 불안하게 하는 일은 일어나지 않는다. 여기에서는 교회 종 소음만이 다소의 소동을 불러일으키는데, 일이 잘 풀리면 이 소동은 죽을 만큼 지루해하는 대사(大使)들을 완전한 도취 상태로 옮겨놓는다. 대사들은 직업 때문에라도 쉽게 지루해한다. 게다가 그들은 도시에서 살아야지 마을에서는 살 수가 없다. 그러나 사전 마을에는 진짜로 대사들이 있다. 여기에서 사전 마을의 독특한 점이 저절로 생긴다.

   이 마을 사람들은 평화를 사랑하는 현대인들이다. 집집마다 마당에는 탁자가 있어 가족들

ころだ。

村の人間たちの性格は穏やかである。家の庭にテーブルを置いて、家族が集まって牛乳を飲んでいる。大型のビールジョッキで、喉を鳴らして飲んでいる。ビールのような臭い飲み物は好まれない。ビールという単語がたまたま糞尿という単語の隣にあったため臭くなってしまったのかもしれない。牛乳の表面には泡がたっていて、それは中性洗剤の垂れ流しで汚染された川を思い出させる。テーブルクロスは真っ白だ。お父さんの目の玉も白いし、お兄さんの耳も真っ白。この家族は色素を否定して暮らしている。少なくとも以前はそれが徹底していた。俺の飲んだ母乳は、草の緑色をしていて苦かった、と叔父が得意そうに話

Wörterbuchdorfs.

Die Menschen im Dorf sind friedfertige Zeitgenossen. In den Höfen der Häuser stehen Tische, an denen die Familie sich versammelt und Milch trinkt, aus großen Bierhumpen mit lautem Schlucken trinkt.

Getränke, die wie Bier einen starken Geruch ausströmen, sind hier nicht beliebt. Wer weiß, vielleicht hat sich das Wort Bier zu häufig in der Nachbarschaft des Worts Exkrement aufgehalten und deshalb zu stinken angefangen. Auf der Oberfläche der Milch bildet sich Schaum, der an Flüsse erinnert, die von neutralen Waschmitteln verschmutzt sind. Die Tischdecke ist schneeweiß. Die Augäpfel des Vaters sind weiß. Die Ohren des älteren Bruders sind wiederum schneeweiß. Diese Familie lebt unter Leugnung aller Farbpigmente. Zumindest früher war man in dieser Hinsicht nicht so konsequent. Die Muttermilch, die ich getrunken habe,

이 모여 우유를 마시고 큰 잔으로 벌컥거리는 소리를 시끄럽게 내며 맥주를 마신다.

맥주처럼 냄새가 강한 음료는 이곳에서는 인기가 별로 없다. 누가 알랴. 어쩌면 맥주라는 단어가 배설물이라는 단어 옆에 너무 자주 머물러서 그 단어에서 냄새가 풍기기 시작한 것인지도. 우유의 표면에서는 거품이 만들어지는데, 중성세제로 오염된 강물을 기억나게 한다. 식탁 표면은 눈처럼 하얗다. 아버지의 안구도 하얗다. 형의 귀도 다시 눈처럼 하얘졌다. 이 가족은 모두 색소를 부정하며 살아간다. 적어도 예전에는 이 점에서는 그리 철두철미하지 않았다. 삼촌이 그랬다. 내가 마셨던 모유는 잔디처럼 초록이었고 쓴맛이 났다고. 마치 그것이 자랑스럽다는 듯한 투였다. 그 시절엔 모든 것이 하얗지는 않았다. 자연에는 온갖 실수가 다 존재

사전 마을

し始める。あの頃は、何もかも白かったということではないのさ。いろいろな自然の不調があって、災害もあって、色が出たりしたものさ。辞書の村では、自然と言う言葉が誰かの口から漏れると、なんだか居心地の悪い雰囲気が広がり、必ず誰かが咳をする。

　それは、五十年前の雨の降らない夏のことだった。地面に生えていた草がみんな枯れてしまったので、草の精たちは行き場がなくなって、いろいろなところに勝手に宿り始めた。その夏に生まれた赤子たちは、みんな緑の乳を飲んで、性格に共通した特徴が現われた。まず、感情がアルカリ性に片寄りがちになった。これは気をつけないと、巨大な嫉妬や借金を生み出したりする。

war grün wie Gras und bitter, sagte der Onkel, als wäre er stolz darauf. Damals war noch nicht alles weiß. Denn es hatte in der Natur allerlei Fehlschläge gegeben, Katastrophen und so, und die hatten Farben hervorgebracht. Wenn in Wörterbuchdorf jemandem das Wort Natur aus dem Mund gleitet, verbreitet sich eine Unbehagensatmosphäre, und bestimmt räuspert sich dann auch irgendwer.

　　Es geschah aber in dem Sommer vor fünfzig Jahren, in dem Sommer, in dem es nicht regnete. Weil alles Gras auf dem Erdboden verdörrt war, hatten die Grasgeister keine Heimat mehr und begannen, sich nach Gutdünken an den verschiedensten Orten niederzulassen. Die Kinder, die in diesem Jahr geboren wurden, tranken alle grüne Milch und entwickelten gemeinsame Charaktereigenschaften. Zunächst zeigten ihre Affekte eine starke alkalische Tendenz. Wenn man nicht aufpaßte, führte das zu sagenhafter Eifersucht

했고—자연재해 뭐 그런 것 말이다—그런 것들이 새로운 색을 만들어낸 것이다. 사전 마을에서는 누군가의 입에서 자연이라는 단어가 미끄러져 나오면 불만의 분위기가 퍼졌고, 누군가는 헛기침을 해댔다.

그 일은 지금으로부터 오십 년 전 어느 여름, 비가 오지 않던 해에 일어났다. 온 땅의 풀이 말라붙자, 풀의 귀신들은 고향을 버리고 각자 마음대로 서로 다른 장소에 정착하려 했다. 그해에 태어난 아이들은 모두 초록색 우유를 마셨고, 공통된 성격을 보였다. 감정들은 처음에 강한 알칼리성을 띠었다. 조신하지 않으면 그것은 이른바 질투심이나 죄책감으로 이어졌다. 초록은 초록 속에서 얽히기 시작했고, 빠져나오려 할수록 더욱 깊이 빠져들었다. 물론 그 일에 대해 아무도 말하지 않았다.

緑が緑にもつれて、身をふりほどこうとすればするほど、からまってくる。もちろん、そんなことは誰も口にしては言わないが。他人の攻撃に立ち向かうビタミンは充分あるが、葉緑素が自己満足を呼び起こし過ぎて、深刻な話し合いの最中に急にサンドイッチを鞄から取り出して、平気な顔で齧り始めたりする。人の言うことにはあまり耳を傾けず、そのくせ日和見主義者なのだった。その年は緑の年と呼ばれた。その年に製造された洗濯機で洗うと、白い下着はみんな緑色に変わってしまうのだった。その年に収穫された葡萄で作ったワインは、赤ワインも白ワインも例外なく緑色だった。その年に書かれた本は、作者がどんなに抵抗してみても、表題に〈緑〉と

oder Verschuldung. Das Grün verhakte sich gleichsam im Grün, und je mehr man sich zu befreien trachtete, desto rettungsloser verstrickte man sich. Natürlich sprach keiner darüber. Man hatte zwar genug Vitamine, um die Angriffe der anderen abzuwehren, aber das Chlorophyll evozierte einfach zu viel Selbstzufriedenheit, mit der Folge, daß man mitten in ernsten Gesprächen plötzlich ein Sandwich aus der Tasche holte und mir nichts dir nichts hineinbiß. Man hörte nicht sehr auf das, was die anderen sagten, und trotzdem war man opportunistisch. Dieses Jahr wird das Grüne Jahr genannt. Weiße Unterwäsche, die man in den Waschmaschinen dieses Jahrgangs wusch, färbte sich grün. Und der Rotwein und der Weißwein, den man aus den Trauben kelterte, die in diesem Jahr gelesen worden waren, wurde Grünwein. Die Bücher, die in diesem Jahr geschrieben wurden, enthielten in ihrem Titel alle das Wort Grün, so sehr die Autoren sich dagegen auch

비타민은 충분히 있었기에 타인의 공격을 막을 수 있었지만, 엽록소가 지나치게 큰 자기만족을 생성해내 그 결과 사람들은 진지한 대화를 나누다가도 느닷없이 가방에서 샌드위치를 꺼내 너 나 상관하지 않고 한입 베어 먹는 지경에까지 이르렀다. 사람들은 다른 사람의 말을 잘 듣지 않았고, 그러면서도 기회주의적이었다. 이 해는 초록의 해로 불리게 되었다. 그해 세탁기에서 세탁한 흰 속옷은 모두 초록색으로 물들었고, 그해에 수확해낸 포도에서 짜낸 적포도주와 백포도주는 초록 포도주가 되었다. 그해에 쓰인 책들은—작가들이 이를 피하려 애를 썼음에도—세목에 하나같이 "초록"이라는 단어가 들어갔다. 초록 항해일지. 초록 도시의 정부(情婦), 초록 여우와 장미 다람쥐. 잊힌 초록 태양. 붉은 언덕에서 초록 언덕으로. 초록 언덕에

사전 마을

いう言葉が入ってしまうのだった。緑の航海日誌、緑町の色女、きつね緑とピンクりす、忘れられた緑の太陽、赤坂から緑坂まで、緑が丘殺人事件、中小企業の緑営化。
　緑の年の話をする時の叔父は機嫌がいい。話の種のつきた時は、みんな叔父に緑の年の話をさせようとする。話の種も植物の種と同じで、どんな季節にも、ぱちぱちはじき出されてくるものではない。誰も何も言わない季節というのがある。そんな季節には、コーヒーカップも音をたてない。音のない日曜日は恐ろしい。あまりの静けさに膝をがくがくさせながら、叔父が父親と喧嘩を始めるのも、この静けさの中にみんなが沈んでいってしまうのを見るのが怖いからなのだ。アーチ型の

zu wehren versuchten. Das grüne Logbuch. Die Mätresse von Grünstadt. Fuchsgrün und Rosa Eichhorn. Die vergessene grüne Sonne. Vom roten Hügel zum grünen Hügel. Der Mord auf der Grünen Höhe. Grünes Management für kleine und mittlere Betriebe.

　Immer wenn der Onkel über das Grüne Jahr sprach, bekam er gute Laune. Und wenn andere Themen fehlten, bestürmten ihn alle, doch vom Grünen Jahr zu erzählen. Gesprächsthemen sind eben wie Pflanzensamen, sie platzen nicht in jeder Jahreszeit einfach nur so im Überfluß hervor. Es gibt Zeiten, in denen keiner irgendetwas sagt, ja, in denen nicht einmal die Kaffeetassen einen Mucks von sich geben. Lautlose Sonntage sind. wirklich schrecklich. Und wenn der Onkel und der Vater vor lauter Stille mit den Knien wackeln und zu streiten anfangen, kommt das zweifellos daher, daß sie befürchten, sonst zusehen zu müssen, wie alle in dieser Stille

서의 살인, 중소기업을 위한 초록 경영.

      삼촌은 초록의 해에 대해 이야기할 때면 항상 기분이 좋아졌다. 사람들은 이야깃거리가 떨어지면 모두 그에게 몰려가 초록의 해 이야기를 해달라고 졸랐다. 대화의 주제라는 것은 마치 식물 씨앗 같아서, 어느 계절이나 그렇게 철철 넘쳐나는 것이 아니다. 그 누구도 어떤 말도 하지 않는 시기, 커피잔조차 소리를 내지 않는 그런 시기가 있다. 소리가 나지 않는 일요일은 너무 끔찍했다. 삼촌과 아버지는 과한 조용함 때문에 무릎을 흔들다가 말다툼을 시작했다. 그러지 않으면 이 침묵 속에서 모두가 서서히 가라앉는 광경을 지켜봐야 하기 때문이었다. "누가 더 불쌍한가—등이 활처럼 굽은 당나귀인가, 아니면 높은 벌목 기계 위에서 일하는 벌목공인가"에 대해 오래오래 토론을 하던 그런 시

背中を持つろばと、遠洋漁業船の中で木こりとして働くこととどちらが寂しいかなどという問題について、長々と議論し合うのもそんな時だ。

この日、去勢された目覚まし時計が現われた。息子が新しく買ったオートバイにそういう名前を付けて乗り回すことに決めたのだ。静けさを恐れるあまり叔父と父が頭の中から捻り出す議論には息が詰まりそうになる。でも静けさ自体は耐え難い。だから風もないのにカーテンが震えるように踊っているのだろう。静けさから耳を救ってくれるのは機械の音だけだ。これは月曜から土曜まで息子が仕事場で使っているドリルと同じ音を出した。息子は道路工事をしていた。オートバイは、ドリルと同じ音を出しても道

langsam untergehen. Das sind dann die Zeiten, in denen man lange, lange darüber diskutiert, was mehr Mitleid verdient, ein Esel mit einem bogenförmig gekrümmten Rücken oder ein Baumfäller, der auf einem Hochseekutter arbeitet.

Und an einem gewissen Tag tauchte da noch ein kastrierter Wecker auf. Der Sohn hatte beschlossen, sein neues Motorrad so zu nennen und damit herumzufahren. Den Diskussionen, die der Onkel und der Vater aus Horror vor der Stille aus ihren Köpfen herausschraubten, wollte geradezu der Atem stocken. Aber Stille als solche ist ja in der Tat schwer zu ertragen. Deshalb tanzte man auch wie zitternde Vorhänge, obwohl kein Wind wehte. Allein der Lärm einer Maschine rettet die Ohren vor der Stille. Ein Lärm wie der des Bohrers, den der Sohn von montags bis samstags bei seiner Arbeit benutzte. Der Sohn war im Straßenbau tätig. Aber obwohl ein Motorrad den gleichen Lärm macht wie ein Bohrer, bohrt

대였다.

　　어느 날, 거세된 자명종이 등장했다. 아들이 새 오토바이에 붙인 이름으로, 아들은 그 오토바이를 신나게 몰고 다녔다. 삼촌과 아버지가 그 침묵의 공포로부터 벗어나기 위해 머릿속을 열어 꺼내든 토론들은 숨이 막힐 정도였다. 하지만 침묵 자체는 실로 참기 어려운 것이다. 그래서 사람들은 바람도 불지 않는데 흔들리는 커튼처럼 춤도 추었다. 오직 기계 소음만이 고요함으로부터 귀를 구해준다. 그건 아들이 월요일부터 토요일까지 일할 때 사용하는 드릴 소리 같은 소음이었다. 아들은 도로 공사 현장에서 일하고 있었다. 오토바이도 드릴처럼 똑같이 소음을 내지만, 길에 구멍을 내지는 않는다. 사실, 드릴도 구멍을 뚫지는 않는다. 왜냐하면 사전 마을의 지표면은 종이로 되어 있고, 그 아래엔 아무

穴を開けることはない。ドリルも本当は穴を開けているわけではない。なぜなら辞書の国の地表は紙で、その下には何もないからだ。

　息子は、村を突き抜けて走る舗装道路をオートバイで飛ばしたが、村から遠く離れることはなかった。道端でスカートの縁を風に遊ばせている女性がいても息子はハンドルを握る手をゆるめなかった。恋愛をしたいと思ったが、女性と口をきくのは嫌いだった。恋愛をして、好かれるにはどうしたらいいのかと、息子は祖母に尋ねた。すると返ってきた答えは、マッコウクジラの脳味噌から取った香料が必要だということ。クジラを殺してしまうくらいならば、恋愛などしなくてもいいくらいクジラが可愛い。だから、クジラ

es keine Löcher in die Straße. Davon einmal ganz abgesehen, bohrt in Wirklichkeit übrigens auch ein Bohrer keine Löcher. Denn die Erdoberfläche im Wörterbuchland besteht aus Papier und darunter ist nichts.

　Der Sohn sauste mit seinem Motorrad über die Pflasterstraße, die das Dorf durchschnitt, aber er entfernte sich nie weit von seinem Dorf. Nicht einmal die Frauen, die am Straßenrand das Grün ihrer Röcke im Wind spielen ließen, konnten ihn dazu veranlassen, seinen Griff am Lenker ein wenig zu lockern. Der Sohn wollte zwar lieben, aber er haßte es, mit Frauen zu sprechen. Er fragte seine Großmutter, wie man es anstellt, daß man liebt und geliebt wird. Die Anwort, die er bekam, war, daß dazu ein Duftstoff aus dem Hirn des Pottwals nötig sei. Wenn ich erst einen Wal töten muß, ausgerechnet einen niedlichen Wal, dann verzichte ich lieber auf die Liebe! Ich muß einfach ein Hirn suchen,

것도 없기 때문이다.

　　　　아들은 오토바이를 몰고 마을을 가로지르는 포장도로를 따라 달렸지만, 마을에서 결코 멀리 벗어나지는 않았다. 치맛자락의 초록을 바람에 나부끼며 길가에 서 있던 여자들도 그의 핸들을 느슨하게 만들지는 못했다. 아들은 사랑을 원했지만, 여자와 말하는 것은 꺼렸다. 그는 할머니에게 사랑하고 사랑받으려면 어떻게 해야 하는지 물었다. 그러려면 향유고래 뇌에서 나오는 향기 물질이 필요하다는 대답이 돌아왔다. 사랑을 위해서, 고래, 그것도 귀여운 고래를 죽여야 한다면, 난 차라리 사랑을 포기할래요! 고래가 내다 버린 뇌를 찾아야겠어요. 그렇지만 더 이상 쓰지 않는다고 자기 뇌를 버리는 고래가 있을까? 도대체 고래라는 단어는 어디에 살까? 예전에는 고래가 강에 살았고, 보트에서

が使い捨てた脳を探しに行かなければならない。でも、クジラはいらなくなった脳味噌をどこに捨てるのだろう。そもそもクジラという単語はどこに住んでいるのだろう。昔ならばクジラは川に住んでいたので、船の中から手を伸ばしてその背中に触ることもできた。今は両岸を埋め立てられて川が狭くなって、クジラは山の中にしか住んでいないので、山に登らなければならない。

息子はオートバイに乗って、山の裾野まで走った。それから、山に入るにはまず登山電車に乗るのです、と警官に教えられた。警官は怪しい人間にはみんな親切に道案内をしてやって、そうする間中、その人物をくわしく観察するのだった。ポケットから歯ブラシがのぞいていれ

das ein Wal weggeworfen hat. Aber wohin wirft ein Wal ein Hirn, das er nicht mehr braucht? Wo wohnt überhaupt das Wort Wal? Früher haben Wale in Flüssen gehaust, und man konnte von einem Boot aus mit der ausgestreckten Hand ihren Rücken streicheln. Aber weil man die Flüsse auf beiden Seiten aufgefüllt hat, sind sie den Walen zu eng geworden. Jetzt wohnen die Wale in den Bergen, deshalb muß ich auf die Berge steigen. Der Sohn setzte sich auf sein Motorrad und fuhr bis an den Fuß des Gebirges. Dort erfuhr er von einem Polizisten, daß er, um in das Gebirge hineinzukommen, zunächst mit der Bergbahn fahren müsse. Dieser Polizist gibt verdächtigen. Menschen immer freundlich Auskunft, aber nur um sie dabei genau betrachten zu können. Wenn eine Zahnbürste aus ihrer Tasche ragt, wollen sie morgens von den fremden Frauen ja wieder zurückkommen, und das ist kein Verbrechen. Immerhin ist es vorteilhafter, keine schlechten

손을 뻗으면 고래 등을 쓸어볼 수도 있었다. 하지만 강이 양쪽에서 가득 메워지게 되면서 고래들에게 너무 비좁아졌다. 그래서 지금 고래는 산에 산다. 그러니 나는 산에 올라가야 해. 아들은 오토바이에 올라앉아 산 중턱까지 달려갔다. 그곳에서 한 경찰에게 들은 말에 따르면, 더 깊은 산속으로 들어가려면 먼저 산악 열차를 타야 한다고 했다. 이 경찰은 수상한 사람들에게도 늘 친절하게 정보를 알려주지만, 그건 어디까지나 그들을 자세히 관찰하기 위함이다. 예를 들어 누군가의 가방에서 칫솔이 삐져나와 있으면 그는 낯선 여자들에게 가서 밤을 보내고 아침에 다시 집으로 돌아가려는 것이다. 그건 범죄는 아니다. 적어도 충치는 없는 편이 더 낫다. 경찰이 찾는 사람은 등 뒤에 끔찍한 표식을 지닌 채 경찰과 눈빛 한번 교환하지 않고 기차를 타는 자들

ば、朝帰りということになるが、それは犯罪ではない。虫歯がないだけましだ。警官の探しているのは、もっと恐ろしい記号を背負った男たちである。そういう男たちは警官と顔を合わせずに電車に乗り込んでしまう。

密輸業者の下っぱが、登山電車の中で口論していた。首の無い人形を輸入することは禁じられているが、それは船の中で首を縫いつけて、港で税関を通り抜けたら、その首を切り落とせば、それでもう立派に密輸になるのである。なると思ったのだ。人生経験の浅い下っぱは。ところが、一度縫い付けてしまえば、人形の首というのはそう簡単に切り落とせるものではない。ハサミは折れるし、指は腫れ上がるし、目

Zähne zu haben. Nein, der Polizist sucht nach Männern, die schlimmere Zeichen auf dem Rücken tragen, Männer etwa, die in den Zug steigen, ohne vorher mit dem Polizisten einen Blick getauscht zu haben.

In der Bergbahn palaverte ein kleinerer Angestellter eines Schmuggelunternehmens: Der Import von Puppen ohne Köpfe ist verboten, aber wenn man ihnen in einem Schiff Köpfe annäht, im Hafen durch den Zoll kommt und dann die Köpfe wieder abschneidet, wird das zu einer grandiosen Schmuggelei. Wird das, dachte er. Der kleine Angestellte ohne genügend Lebenserfahrung. Aber ein einmal angenähter Puppenkopf läßt sich gar nicht so leicht wieder abschneiden. Die Schere kann sich verbiegen, die Finger können anschwellen, die Augen sich entzünden. Und die Puppen, die das sehen, sag ich Ihnen, lachen sich krumm. Der Boss gerät in Wut, zieht seine Schuhe aus und

이다.

　　　산악 열차 안에서는 한 밀수업체의 하급 직원이 중얼거리고 있었다. 머리 없는 인형의 수입은 금지되어 있지. 그렇지만 만약 그것들을 배에 실은 다음 그 안에서 머리를 꿰매고, 항구에서 세관을 통과하고, 그 후에 머리를 다시 잘라내면, 그건 위대한 밀수가 될 거야. 그렇게 될 거야, 하고 그 하급 직원은 생각한다. 그는 인생 경험이 부족하다. 한번 꿰매진 인형 머리는 그렇게 쉽게 다시 잘라낼 수 없다. 가위가 비뚤어질 수도 있고, 손가락이 부어오르거나 눈에 감염이 생길 수도 있다. 그리고 인형들은 그걸 지켜보면서—정말이지—등이 휘이질 정도로 웃는다. 보스는 화가 나 신발을 벗어 창문을 향해 던진다. 지출은 계획보다 초과되었고, 인형들은 팔리지 않았다. 결국 이익은 없고 큰 재앙

は燃え上がる。それを見て人形はけらけら笑う。ボスは怒って、靴を脱いで窓ガラスに投げつける。結局経費は予算を上回って、人形は売れず、従って儲けが全くないどころか大損をしたところへ、山へ登って、〈類似したひとつの物〉を取ってこいという命令が下った。何と類似したものなのだ、と尋ねても、そんなことは自分で考えろ、とボスはどなるだけ。登山電車の切符は高い。これだけのお金があれば、ポップコーンの入ったスープでもチョコレートのフライでも食べられたのに、と思いながら電車に乗ったチンピラはむしゃくしゃするのでガムを噛んでいるうちに、同じ電車に乗っていた靴売りの青年と喧嘩になってしまった。人の喧嘩を見物するほど楽し

wirft sie gegen das Fenster. Schließlich sind die Unkosten höher als geplant, die Puppen finden keine Abnehmer, folglich bleibt der Profit aus, das Ganze endet mit einem großen Desaster, und der Befehl ergeht von oben: Steig auf die Berge und bring mir »was Ähnliches«! Und die Frage: was für ein »Ähnliches«? beantwortet der Boss nur mit einem polternden: Finde das selbst heraus! Die Karten für die Bergbahn sind teuer. Für das Geld könnte man sich Popcornsuppe oder frittierte Schokolade kaufen! Der schlecht gelaunte Schmugglerlehrling kaute Kaugummi und brach mit dem jungen Taschenverkäufer, der sich im selben Waggon befand, einen Streit vom Zaun. Meines Erachtens gibt es nichts Unterhaltsameres, als anderen Leuten beim Streiten zuzusehen, deshalb sollten die Menschen auf öffentlichen Plätzen viel häufiger und auch heftiger streiten. Denn es scheint doch, daß viele dieser Meinung sind. Warum sollte es

으로 끝나니 위로부터 명령이 떨어졌다. 산에 올라가서 "비슷한 것"을 가져와! 그러자 질문. 도대체 어떤 "비슷한 것"이요? 이에 보스는 험악하고 단호하게 대답했다. 알아서 찾아오라고! 산악 열차 티켓은 비쌌다. 그 돈이면 팝콘 수프나 튀긴 초콜릿도 살 수 있었을 것이다. 기분이 나빠진 밀수 견습생은 껌을 씹으며 같은 열차에 탄 젊은 보따리장수에게 괜한 시비를 걸었다. 내 생각에 다른 사람들이 싸우는 모습을 구경하는 것보다 더 재미있는 오락거리는 없다. 그러니 사람들은 공공장소에서 더 자주 더 격렬하게 싸워야 한다. 많은 사람들이 같은 의견인 것으로 안다. 그렇지 않다면 도대체 왜 길거리에 논쟁가라는 직업 집단이 있단 말인가! 해바라기 씨에서 짠 기름을 콧등에 바르고 무릎을 세 번 톡톡 두드리면, 그들은 벌써 논쟁할 기분이 된다. 그렇게

いことはないので、みんなもっと公共の場で喧嘩すればいいのにと思う。そう思う人間はたくさんいるらしい。だからこそ大道喧嘩屋という職業があるのだろう。鼻の頭にひまわりの種から取った脂を塗って、膝を三回軽く打てば、喧嘩の心構えはできる。ちょっとでも拍手が起こると、もう嬉しくて唾が唇の間から染み出してしまう。しかし登山電車の中にはそんなにたくさん人がいるわけではない。喧嘩するふたりの他には、オートバイから降りて鯨を探しに行く青年がいるだけだ。

やがて喧嘩は終った。星座をやわらげながら、夜の縁側にすわっている不良青年たちのように、三人並んですわって煙草を吸っている。オートバイの青年とチンピラと鞄

sonst auch den Berufsstand der Straßendisputanten geben! Sie streichen sich aus Sonnenblumenkernen gewonnenes Öl auf die Nasenspitze, schlagen sich dreimal leicht aufs Knie und schon sind sie in Streitlaune. Dann genügt ein klein wenig Applaus, und der Speichel färbt ihnen lustig die Mundwinkel ein. Aber in einer Bergbahn stößt man in der Regel nur auf wenige Passagiere. Außer den beiden Streitenden befand sich da nur noch der junge Mann, der von seinem Motorrad gestiegen war und nach einem Wal suchte.

Ah, endlich hört der Streit auf. Um die Konstellation ein wenig aufzuweichen, hocken die drei jetzt wie auf der Veranda der Nacht lungernde delinquente Jugendliche nebeneinander und rauchen Zigaretten. Der Junge mit dem Motorrad, der Schmugglerlehrling und der Taschenverkäufer. Sie mögen ja verschiedenen Berufen nachgehen, aber nach einem Streit schmeckt die Zigarette allen gleich. Sie sind friedfertig und

되면 가벼운 박수만으로도 충분히 입가에 침이 튀기 시작하고, 침은 그들의 입꼬리를 우스꽝스럽게 물들인다. 하지만 보통 산악 열차에서는 마주치는 승객이 몇 안 되었다. 싸우는 두 사람을 제외하고 나면 오토바이를 타고 고래를 찾으러 온 젊은 남자 한 명뿐이었다.

아, 드디어 싸움이 끝났다. 이 구도를 조금 누그러뜨리기 위해, 세 사람은 이제 밤에 베란다를 어슬렁거리는 비행 청소년들처럼 나란히 쪼그리고 앉아 담배를 피운다. 오토바이를 타고 간 청년, 밀수 견습생, 그리고 보따리장수. 그들은 서로 다른 직업을 가졌지만, 다투고 나서 피우는 담배는 똑같이 맛있다. 그들은 모두 평화로웠고, 바람이 어디서 불든 그저 머리만 약간 돌리면 시체 냄새를 피할 수 있었다. 주삿바늘의 두께가 문득 떠오른다.

屋。職業は違っていても、喧嘩の後の煙草の味は同じ。彼らの性格は穏やかで、どこから風が吹いてきても、首をちょっと傾けるだけで、死体のにおいは避けることができる。注射器の針の太さを思い浮かべながら、密輸の袋に手を差し入れる。ひとつきりの魂を考えると、さすがに、目をつむって注射を打つ気にはなれない。砂糖を肉に打ち込めば、家が焼ける。草の汁を血管に注ぎ込めば、カエルがいっせいに鳴き始める。平和の庭で腕立て伏せをしながら、オートバイの青年は歯を食いしばった。これでは、どうにもならない。どこかに出口があるはずだ。ひとつの道を走り始めても、道そのものが機械や動物でできているから目的地に着くことなどできない。恋

neigen, woher der Wind auch immer weht, nur ein wenig den Kopf, so können sie jedem Leichengeruch ausweichen. Die Dicke einer Injektionsnadel kommt ihnen in den Sinn, und sie stecken ihre Hand in den Beutel der Schmuggelei. Sie brauchen nur an eine Seele zu denken, und sie kommen nicht mehr auf die Idee, mit geschlossenen Augen eine Spritze zu setzen. Wenn man Zucker in Fleisch injiziert, verbrennt das Haus. Wenn man Grassuppe in die Adern einspritzt, fangen alle Frösche an zu quaken. Mit zusammengebissenen Zähnen übt der Motorradjunge im Friedenspark Liegestütz. Aber daraus wird nichts. Es sollte irgendwo einen Ausgang geben. Denn jede Straße, die man entlangläuft, ist aus Maschinen oder Tieren gemacht und kann daher zu keinem Ziel führen. Er wollte lieben? Wenn man eine Tasche liebt und sich auf den Boden kauert, strömt auch eine Pflasterstraße Wärme aus. Mondlicht macht einen Feldweg zu einer Schnellstraße. He,

그들은 밀수 가방에 손을 넣는다. 그들은 영혼을 생각해야 했다. 눈을 감은 채 주사를 놓겠다는 생각은 더 이상 하지 않는다. 고기에 설탕을 주사하면 집이 타버린다. 정맥에 풀 수프를 주사하면 개구리들이 일제히 울기 시작한다. 이를 악물고 오토바이를 탄 소년은 평화 공원에서 팔 굽혀 펴기를 하고 있다. 하지만 모두 허사다. 어딘가 출구는 있을 것이다. 하지만 지금 걷는 모든 길은 기계나 동물로 만들어진 것이기에 어떤 목표에도 도달할 수가 없다. 그는 사랑을 하고 싶었을까? 사람이 보따리를 사랑하고 바닥에 웅크리고 앉으면 포장도로에서도 온기가 피어오른다. 달빛은 들판 길을 고속도로로 만든다. 헤이, 너! 그래 너! 이렇게 불린 그는 고개를 들고, 달빛이 반쯤 완성된 여자를 비춘 광경을 본다. 반쯤 완성됐다는 건 그녀의 오른쪽 몸이 거기에 있는 듯

をするつもりだったっけ。鞄に恋をしてうずくまると、舗装道路にも温もりがある。月の光が畦道を高速道路にする。ちょっとあんた、あんたでしょ、そう呼びかけられて顔を上げると、半端者の女が月の光に照らされて立っている。半端者というのは、体の右半分がぼんやりとごまかしたようにかすん、でいて、無いも同様なのだ。青年は、ある言葉を言いかけて途中でやめた。自分もやっぱりこうなのだろう、と青年は思った。言いかけてやめた言葉な、のだ、自分も。だから、鯨の捨てた脳味噌を探して歩いていても、まるで人、生に目的がないように思えてならないのだ。

du! Das bist doch du! So angesprochen schaut er auf und sieht, wie der Mond eine halbfertige Frau beleuchtet. Halbfertig heißt, daß die rechte Hälfte ihres Körpers nur nebelhaft, wie vage hingefälscht erscheint, genau als wär sie gar nicht da. Der junge Mann spricht sie an, hört aber mittendrin auf. Er denkt, ich bin ja selbst so. Ein mittendrin unterbrochenes Wort. Auch ich selbst. Also muß ich annehmen, daß mir, selbst wenn ich auf der Suche nach einem weggeworfe nen Walhirn umherschweife, jegliches Lebensziel fehlt.

없는 듯 안개처럼 흐릿하다는 말이다. 젊은 남자는 그녀에게 말을 걸지만, 말을 하다 그만둔다. 나는 그래, 그런 사람이야. 한가운데 끊긴 단어. 나 역시 그렇지. 그렇다면 설령 버려진 고래 뇌를 찾아 헤맨다 해도 나에게는 여전히 삶의 목표 같은 건 없다는 것을 인정해야겠지.

사랑의 광물학

어제 전철에서 신문을 읽다 어느 프랑스 여자 영화배우의 죽음에 대해 알게 되었다. 문득 나는 내가 열세 살 소녀였을 때 그 배우에 대한 책을 갖고 있었다는 기억이 났다. 그 책은 나에게 한동안 성물 같은 존재였다.

   당시 그 배우는 분명히 마흔다섯 살이었을 것이다. 그 책에는 배우의 사진들과 출연 영화의 줄거리들, 그리고 인터뷰들이 실려 있었다.

   그 책을 샀을 때만 해도 그녀가 나오는 영화를 한 번도 본 적이 없었다. 게다가 나는 영화보다는 사진에 더 관심이 있었다. 영화는 어떤 이미지 속으로 들어갈 충분한 시간을 주지 않았다.

   당시에 나는 말[馬]에 대한 새 사진집을 찾기 위해 조금 큰 서점의 사진 책 코너에서 오랫동안 서 있었다. 한참 지나 우연히 그 배우에 대한 책을 손에 넣게 되었고 책을 뒤적이다가 시선을 사로잡는 사진들을 보았다. 마치 내게 가장 중요했던 질문의 해답을 드디어 찾은 것 같은 기분이 들었다. 그 질문은 계속 잘 모르는 채로 남아 있었지만 대답은 책의 형태로 눈앞에 놓여 있었다. 내게는 아주 비쌌지만 나는 그 책을 샀다. 그 책이 나를 얼마나 매혹시켰는지 계산대 점원이 눈치채지 않기를 바라면서.

   첫 번째 사진에서는 그 배우가 내 교복 색깔과 같은 진청색 정장 상의를 입고 있었다. 그 청색이 더 밝았

더라면 뱃놀이를 연상시켰을 것이다. 색이 더 어두웠다면 상복처럼 보였을 것이다. 그러나 그녀의 옷은 정확히 뱃놀이와 장례식 사이에 있었다.

　　　　영화에서 그녀는 선생님 역할을 했다. 사진 속에서 그녀는 어느 학교 건물의 회색 외벽 앞에서 서 있었다. 나는 그녀가 분명 좋은 배우일 거라고 생각했다. 그녀는 자기 몸이 가까이에 있는 재료를 자동으로 모사하는 재능을 가졌기 때문이다. 그녀의 몸은 마치 콘크리트로 만든 것 같았다. 그녀는 꼿꼿이 서서 꼬장꼬장하게 바라보았다. 어쩌면 감독이 그녀에게 학교 선생님으로서 그렇게 서 있으라고 지시를 내렸을 것이다. 정직함과 금욕적 태도를 표현하려는 그녀의 태도는 내게 곧장 그녀에게 기대고 싶다는 욕구를 불러일으켰다. 벽은 결코 아무런 반응도 보여주지 않기에 그녀는 나에게 훨씬 확실한 지지대가 되었다. 나는 또 그 벽을 쓰다듬어 그 마른 표면 위에서 내 두 손의 축축한 온기를 느끼고 싶었다.

　　　　그녀는 누군가를 기다린다는 것을 눈으로 표현했다. 곧 그게 나를 의미하는 게 아니라는 것을 알게 되었다. 어떤 남학생 한 명이 사진에 찍혀 있었다. 그는 맞은편에 서서 그녀를 주시했다. 영화가 진행되는 동안 그녀 몸의 모든 부분을 만지는 것이 그가 맡은 역할이었다. 내 눈에 그는 학교를 다니기에는 나이가 너무 많았다. 아마 여러 번 유급을 했을 것이다. 나는 내 질투심을 좀 달래려고 나에게 유급 같은 일은 절대로 일어날 수 없을 거라고 생각했다. 그렇지만 이 교사가 똑똑한 여학생보다 멍청한 소년과 더 관계를 맺고 싶어한다는 생각은 나를 화나게 만들었다. 그렇다면 나는 더 이상 소녀이고 싶지 않았다. 물론 그렇다고 소년이 되고 싶지도 않았다.

나는 문구용 가위를 가져와 사진에서 그 소년을 오려냈다. 그래서 인간의 모양을 한 구멍이 생겨났다. 그 형상은 이제 얼굴이 없었다. 그게 남성인지 여성인지 더 이상 말할 수 없었다. 그 구멍으로는 다다음 쪽에 인쇄된 모래의 색깔이 보였다. 그것은 모래로 된 인간의 형상이었고 나중에 내 동일시 인물이 되었다. 만약 내가 어느 날 그 배우를 알게 된다면, 나는 그 모래 형상 말고는 내가 어떻게 보여야 할지 알 수 없었다. 그 배우는 열세 살짜리 여학생에게 분명히 아무 관심이 없을 것이다. 그러나 모래로 만들어진 몸을 가진 인간은 그녀의 관심을 끌 수 있을 것 같았다.

나는 그녀와 다른 성별을 갖고 싶었다. 내가 소녀라는 성에 속하고 그녀가 중년 여성에 속한다는 것으로는 만족스럽지가 않았다. 나는 내 몸이 그녀와 완전히 다른 재료로 만들어졌기를 바랐다.

다른 사진에서 그녀는 해변가에 누워 있었다. 나

는 따뜻하고 무거워 보이는 그녀의 살이 종이 위에 인쇄된 사진이라는 것을 믿을 수가 없었다. 그건 소녀 같은 몸에 얹힌 강요된 경쾌함도 도덕적 겸손함도 지니고 있지 않았다. 나는 배 주위의 살이 몸의 중심으로 표현되었다는 것이 특별히 마음에 들었다. 머리는 사진의 오른쪽 구석에 있었다. 두 눈은 닫혀 있었고 입은 아주 가볍게 벌려져 있었다. 그녀의 두 입술에는 마치 모래 사나이의 키스를 받은 양 모래알들이 붙어 있었다.

그녀의 두 다리는 길고 모양이 아주 아름다웠다. 사진은 다리를 왼쪽 구석으로 몰아넣었지만 아마도 그녀는 중심에 놓고 싶었을 것이다. 다리는 내가 그녀의 몸에서 나이 듦이 보인다고 여긴 유일한 부분이었다. 그녀의 다리는 이미 몇 년 전부터 노출되고 전시되었다. 얼굴과 두 손도 사실 만족을 모르는 시선에 의해 종종 관찰되어 왔지만—다리와는 달리—두 눈은 응시를 되돌려줄 수 있고 입은 말을 할 수가 있다. 두 손은 글을 쓰거나 어쩌면 심지어 악기를 연주할 수도 있다. 오로지 두 다리만 언제나 벌거벗은 채 보여지는 대상이다. 두 다리는 서 있거나 걷는다. 다리는 말 그대로 가장 아래 등급의 노동을 하고 그러면서도 여성성을 보여주어야 한다는 과제를 갖고 있었다. 나는 두 다리에 대해 동정심이 생겼다. 나는 내 몸으로 이 다리를 감추고 다른 사람의 시선으로부터 보호해주고 싶었다. 그러나 우리는 별개의 세계에 살고 있었기 때문에 그렇게 할 수가 없었다. 그녀는 사진 책 속에 살고 나는 책 바깥에 살았다.

생물 선생님은 우리에게 인간은 마흔이 넘으면 더 이상 새로운 것을 인지할 수 없다고 했다. 그때부터는 반복뿐이라는 것이다. 새로운 정보는 기존에 만들어진 오래된 채널을 통해서만 흐르고 더 이상 새로운 채널을 팔 수가 없다. 땅이 이미 석화되었기 때문이다. 새로 알게 되는 사람들도 기존에 아는 사람들과의 연상을 통해서만 구분할 수 있다. 새로운 사랑에 빠져도 그저 오래된 회상과 사랑에 빠지는 것뿐이다. 새로운 애인과는 옛날 애인과 사귀었던 만큼만 사귀게 될 것이다. 선생님의 가정이 맞다면 그 배우는 나를 더 이상 인지하지 못할 것 같았다. 우리가 서로 다른 두 세상에 살기 때문만이 아니라, 그녀가 이미 너무 나이 들었기 때문이다. 모래 사나이조차 그녀를 새로운 생각으로 이끌 수 없을 것 같았다.

사진 책을 산 날, 나는 밤늦게까지 책상에 앉아서 사진을 열심히 들여다보았다. 자정에 아버지가 내 방에 와서 그 책을 보았다. 책을 손에 들고 몇 장 넘겨 보고서는 하품을 했다. "이 여자 이제 나이 들었네." 아버지가 동정하듯 말했다. "이십 년 전에 어떤 영화에서 봤는데, 완전히 달랐어. 눈가에 주름이 이렇게 많지도 않았고 배에 살도 없었지." 어머니도 방에 들어와 물어보았다. "누구 이야기를 하고 있는 거예요?" 그러자 아버지가 배우의 이름을 아주 자연스럽게 말했다. 나는 부모님이 이 배우를 알고 있었다는 사실이 내내 믿기지 않았다.

원래 그들은 그날 생겨난 성스러운 세계에 속한 내 배우에 대해서 절대로 알아서는 안 되었다. 나의 부모는 내 일상 세계에 속했다. 두 세계는 분리되어 존재해야 한다. "아, 그 배우 이야기를 했군요. 이제는 포르노 필름에서만 나온다던데요. 그 배우가 예전에는 좋은 영화를 찍었다는 걸 다들 안 믿을걸요." 엄마가 말했다. "이 배우는 진짜 나이를 먹었어요." 아버지는 목소리에 즐거움을 담아 반복했다. 영화를 보던 당시 아버지는—엄마처럼—스무 살이었다.

나는 나이를 먹었다고 하는 그 배우의 성스러움을 더 더럽히지 않도록 아무 대답도 하지 않았다. 나는 그녀를 더 잘 보호해야 했다. 이 성스러운 세계가 건드려지지 않으려면 무엇을 해야 할까? 다음 날 내 생물 교과서 겉장을 뜯어내 사진 책 겉면에 붙였다. 두 책의 크기가 같았기 때문이다. 이제 사진 책은 교과서처럼 보이니 아무도 그걸 집어 들 생각을 하지 않을 것이다. 그 사진 책을 숨기려던 건 아니다. 가끔 나체 사진이 나온다 해도 여학생에게 마흔다섯 살 된 여배우의 책을 금지할 생각을 하는 사람은 아무도 없었기 때문이다. 나는 아무 생각이 없는 사람들의 의견으로 그 사진들이 망가지는 것을 원치 않았을 뿐이다.

생물 선생님은 언젠가 이런 이야기를 들려주었다. "주름"이란 옆에서 가해지는 압력으로 인해 생긴, 물결 모양으로 겹겹이 층을 이룬, 암석의 압축 현상이라고. 그 수업은 슬라이드와 함께 진행되었다. 모래, 사암, 이암, 석회암, 소금 등으로 이루어진 지층이 스크린 위에 나타났다. 선생님은 우리에게 형성된 주름에는 여러 유형이 있다고, 예를 들면 직립 주름, 비스듬한 주름, 누운 주름, 버섯형 주름, 가방형 주름 등이 있다고 설명해주었다. 몇몇 학생이 크게 웃으며 물었다. 그럼 인간의 피부에도 암석층이 존재하나요? 그렇지 않으면 주름이 왜 생기겠어요? 선생님은 우리 몸이 정말 그렇게 암석층으로 이루어져 있다면 훨씬 더 아름다웠을 거라고 대답했다. 암석의 주름 형성은 나이와 상관이 없고 지표 아래에서의 삶의 형식이 변화했음을 보여주는 현상이기 때문이라고.

며칠 뒤 나는 배우와의 인터뷰가 실린 사진 책의 마지막 페이지들을 읽었다. 그 인터뷰는 배우에게 양심의 가책을 불러일으키는 것을 목적으로 하는 듯 보였다. 어쩌면 인터뷰어는 그럼으로써 에로틱한 분위기를 만들어낼 수 있을 거라고 생각했을 수도 있다. "예전에는 사진 모델로 일을 하셨지요. 그때 사람들은 당신이 영화계에 들어서려는 목적으로 영화감독인 전남편과 결혼했다고들 했지요. 그 감독 없이도 영화배우가 될 수 있었다고 생각하시나요?" 여배우는 즉각 그렇다고 대답을 했고 중요치 않은 말을 몇 마디 덧붙였다. "그런데 왜 여전히 첫 남편의 성을 쓰고 계시나요? 이미 십 년 전에 헤어지셨잖아요. 당신의 다른 남자들은 여기에 대해 뭐라고 하나요?" 배우는 자기는 이 성이 가장 아름답다고 생각해서 계속 쓴다고 대답했다.

나는 왜 그녀가 그 남자와, 그리고 다른 남자들과 결혼했는지를 내 나름의 방식으로 이해하려고 애를 썼다. 그것은 간단치가 않았다. 그 배우가 남편과 거실에서 어떻게 앉아 있을지도 도무지 상상할 수가 없었다. 그 책에는 이 부분에서 도움을 줄 만한 사진이 없었다. 왜냐하면 그녀는 그 어떤 사진도 한 남자와 같이 찍지 않았기 때문이다. 그녀는 여자, 남학생 혹은 말 한 마리와 같이 사진을 찍거나 여러 물건들과 같이 독사진을 찍었다. 그러나 결코 남자 한 명과는 찍은 적이 없다.

인터뷰어가 물었다. "당신은 종종 성적 일탈의 대가라고 불립니다. 당신의 일상에 대해서도 그렇게 표현하시겠습니까?" 배우는 웃더니 말했다. 제 나이의 여성들을 모두 다 그렇게 표현할 수 있지요. 그러나 그걸 말할 수 있는 용기를 갖고 있는 사람들은 많지 않아요. 또 자기 직업에서 그것을 생산적으로 이용할 수 있는 사람은 극히 드물죠.

   이 인터뷰를 읽고 나자 사진 책의 마지막 사진을 더 잘 이해할 수 있었다. 그것은 어떤 신발 가게에서 촬영한 것이었다. 배우는 막 가죽신을 신어보는 참이었다. 뒤편으로 스무 켤레의 신들이 있다. 이 신들은 거의 독자적인 자기 삶을 가진 듯 보였고 그래서 위협적으로 보였다. 배우의 피부는 자기가 들고 있는 신의 가죽과 닮았다. 그때 나는 가죽신이 없었다. 이 사진을 보기 전까지 재료로서의 가죽은 친숙하지 않았다. 그와 반대로 이 배우는 이 재료를 잘 알고 있는 듯 보였다. 그녀의 피부는 이미 많은 재료들을 속속들이 알고 있음에 틀림없었다. 그래서 그녀는 언제든 가볍게 만져만 봐도 재료들과 소통을 할 수 있는 것이다. 불현듯 나는 사람들이 성적 성숙이라고 부르는 것이 무엇인지를 이해했다.

   지금은 나의 성스러운 그 사진 책이 어디에 있는지 모른다. 그 책은 나의 눈이 그것을 자기 것으로 만들자마자 저절로 사라져버렸다. 사진들은 이제 얇은 막이 되어 내 망막의 한 층을 만들었다.

사랑의 광물학

로포텐*에서 쓴 메모들

---

* 노르웨이 북부에 자리한 군도. 독특한 극지방 및 어촌 풍경으로 유명하다.

바다와 가파른 절벽 사이에는 내가 탄 비행기가 착륙할 자리가 없다. 갈매기와 비행기는 닮은 점이 없다. 갈매기는 물고기를 먹고 비행기는 인간을 삼킨다.

나는 바다에서 수영하지 않는다. 바다는 내 안에서 수영하지 않는다. 그러나 암벽들은 바다에서 산보를 한다. 그들은 다리가 없다. 바닷물은 암벽의 모든 상처에 다 파고든다. 갈매기가 물고기를 먹는 동안 바닷물은 암벽의 딱딱한 살 속으로 들어가 먹는다. 반면 암벽은 바닷물의 형체를 아무것도 변화시키지 못한다. 나는 바다와 암벽 사이에 서 있다. 어쩌면 내 몸의 형태 역시 피오르 풍경일 것이다.

노르웨이 비옷은 나에게 친숙한 느낌을 준다. 물로부터 자신을 보호할 수 있는 사람은 불 앞에서도 자신을 보호할 수 있다. 로포텐의 모든 마을에는 나 소방대 긴물이 있다. 집들이 전부 나무로 지어져 있기 때문이다. "키르케(Kirke)"도 나무로 지어졌다. "키르케"는 노르웨이어로 교회라는 뜻이다.

"이 섬들에서 무엇을 찾으시나요?" 지난밤 묵었던 배의 소유주가 나에게 물어보았을 때 나는 키르케를 찾고 있다고 대답했다. 그러자 그녀는 "보간 키르케(Vågan Kirke)"라는 아름다운 교회가 있는 곳을 가르쳐주었다. 나는 그 교회를 방문하기 위해 세 시간을 걸어갔다.

성경을 읽는다. "귀신들이 그 사람에게서 나와 돼지에게로 들어가니, 그 떼가 비탈로 내리달아 호수에 들어가 몰사하거늘."(「누가복음」 8장 33절)

암벽의 표면은 이제 막 분리를 통해서 생겨난 것 같은 인상을 주었다. 실제로 이 암벽은 수십억 년 전에 생겨난 것이다. 내게는 그 돌이 아니라 분리 자체가 시간의 상징이다. 시간은 여기에 있고 다른 그 어디에 있지 않다. 나는 분리가 없는 시간은 상상할 수가 없다.

어느 쇼윈도에서 고무장화와 휠체어를 보았다. 이곳에서는 이동을 할 때 도움을 주는 물건들을 판다. 그러나 거리에는 걸어 다니는 사람들이 거의 없다. 어부의 오두막 바깥벽에는 말린 생선들이 줄줄이 걸려 있다. 그 얼굴들은 건조된 분노를 표현하고 있다. 생선의 얼굴은 어디에서 끝나고 생선의 몸은 어디에서 시작되나? 생선과 암벽은 공통점이 있다. 둘 다 바닷속에서 살고 다리가 없다.

"가톨릭교도들이 금요일에 생선을 먹기 때문에 우리는 이탈리아와 스페인으로 생선을 수출할 수 있고 그것으로 먹고 살지요." 현지인 어부가 말했다.

우리는 한 어부와 같이 바다로 간다. 그는 간단한 어구로 물고기를 잡는다. 어구 끝에는 녹색 플라스틱 생선이 매달려 있다. 그 플라스틱 생선이 내 눈에는 아주 매력적으로 보인다. 그에 비해 잡힌 생선은 크고 못생겼다. 생선은 바다에서 끌려 나올 때만 해도 우리를 다정하게 바라보았지만, 이 분 뒤에 벌써 그 얼굴은 분노로 일그러진다. 이 생선을 바로 통에 넣어 끓였다. 내가 생선을 먹으려 하자 생선은 나를 무섭게 쳐다보았다. 생선에 곁들이는 음식으로 아주 훌륭한 크래커 빵*이 있었다. 나는 이 빵만 먹었다.

"생선을 안 드세요?" 어부가 내게 물었다.

"저는 가톨릭교도가 아니라서 금요일에 생선을 먹지 않아요." 내가 대답했다.

키르케*는 남자들을 돼지로 변신시켰다.
어쩌면 이것은 꿈 텍스트일 것이다.

---

* 북유럽의 특산물로 크래커처럼 바싹 말린 빵.
★ 『오뒷세이아』에 등장하는 마녀로, 사람을 동물로 바꿀 수 있다.

돼지를 갖다, 그리고 돼지 같다.* 꿈 텍스트 속에서 속담은 이야기로 변신한다. 키르케가 남자에게 말한다. 너는 더러워. 너는 돼지야. 그러자 그는 벌써 돼지로 변신한다. 키르케가 말한다. 이제 나는 남자가 있어. 나는 돼지를 가졌어. 그러자 그는 벌써 돼지로 변신한다.

이제 아무도 돼지가 어떻게 생겼는지 정확히 알 수 없다. 돼지라는 단어가 너무 많이 사용되었기 때문이다. 이미지를 몰아내지 않으면 어떤 관용어도 작동하지 않는다. 그리고 밀려난 이미지는 다시 꿈으로 돌아온다. 마치 귀신들이 갑자기 폭풍 치는 바다에 나타나는 것처럼 말이다.

---

* "돼지를 갖다"는 "행운이 오다"라는 뜻의 독일 관용어이고, "돼지 같다"는 "더럽거나 이기적인 사람"을 낮춰 말하는 독일 관용어다.

고트하르트*의 배 속에서

* 1882년 개통된 스위스령 알프스산맥의 기차 터널.

고트하르트를 통과해 가고 싶으냐는 질문을 받았을 때, 나는 아직 "고트하르트"라는 이름을 가진 남자를 한 명도 알지 못했다. 그러나 그가 어떻게 생겼는지는 상상할 수 있었다. 강철처럼 강한 수염에 핏빛 입술은 쉬지 않고 떨린다. 그는 말을 하지 않는다. 불안과 분노로 가득 차 있는 그의 두 눈은 사람들이 곧바로 깨뜨려버리게 될 유리 눈알이다.

고트하르트를 통과해 간다는 것은 이 남자의 몸통을 통해 간다는 것이다. 나는 아직 한 번도 남자의 몸속에 있었던 적이 없다. 사람들은 모두 다 한 번은 어머니 몸속에 있었지만, 아버지 몸의 내부 공간은 그 누구도 알지 못한다.

나는 커다란 터널, 고트하르트 성인의 배를 상상하며 기대하고 있었다. 함부르크에 사는 지인은 고트하르트를 기대하는 것은 잘못이라고 말해주었다. 사람들은 오히려 고트하르트터널을 지나간 뒤에 시작되는 이탈리아의 빛을 기대해야 한다는 것이다. 고트하르트 그 자체는 방해물 이외의 아무것도 아니란다.

내가 지난 십삼 년간 함부르크에 살면서 확실히 알게 된 것이 있다. 독일에서 지식인층에 속하려면 이탈리아에 대한 동경을 가져야 하고 알프스 너머로 가겠다는 꿈을 가져야 한다. 그러나 솔직히 말하자면 나는 이탈리아에 대한 동경이 없다. 나는 그보다 고트하르트의 몸 안에 들어가 거기에 머물고 싶다.

내가 관심 있는 것은 빛도 아니고 산 정상의 전망도 아니고 그 산의 내부다. 그래서 나는 나를 독일의 지식인과도 일본의 여행자와도 동일시할 수가 없다. 전자에게 고트하르트는 방해물일 뿐이고 후자에게는 요흐(Joch)라는 이름을 가진 융프라우*가 짙은 색의 수염과 어마무시한 배를 가진 고트하르트보다 훨씬 더 매력이 있다.

나는 취리히의 한 고서점에서 좀 불편한 제목의 책을 하나 발견했다.『우리는 고트하르트를 뚫었다』. 펠리스 뫼신이 쓴 이 역사소설은 고트하르트터널 공사에 대한 이야기를 담고 있다.

나는 무려 714쪽이나 되는 이 책을 구입했고 중부 유럽 지도도 하나 사서 바로 고트하르트터널을 보았다. 터널은 지도 중앙에 있었다. (사람들은 자기가 보고 싶은 것을 지도의 가운데에 위치시킬 수 있다. 그래서 일본에서 만든 지도에는 모두 다 일본이 정중앙에 있다.) 그 발끝은 이탈리아를 건드렸다. 그의 두 눈은 바젤과 취리히이고, 그의 심장은 슈비츠★라 불린다. 이 산맥의 배에서 스위스

---

* "융프라우"는 "미혼 여자"라는 뜻으로 "고트하르트"와 대조를 이룬다.
★ 스위스 중앙에 위치한 주이자 그 주도의 이름.

고트하르트의 배 속에서

가 태어났겠구나, 나는 생각했다.

어떤 나라도 산맥에서 태어날 수는 없다고, 그 날 스위스의 한 호텔 방에서 깨어났을 때 생각을 고쳤다. 꿈속에서 나는 다섯 뭉치의 서류들을 보았고 첫눈에 아주 중요한 계약 서류들이라는 것을 알았다. 그 다섯 뭉치는 ─위에서 보면─ 빨간 양탄자 위에 십자가 모양으로 놓여 있었다. 더 가까이에서 보니 모두 다 눈처럼 하얀 종이들이었다. 설산들. 침대 옆에는 안더마트의 풍경 사진이 걸려 있었다.

사람들은 산을 한 국가의 남자 어머니라고 믿고 싶어한다. 나는 후지산을 생각했다. 이 산의 이미지를 가지고 어떤 다른 민족은 이 민족의 근원이 자연에 있는 것처럼 속이려 들었던 것이다.

다음 날 취리히 중앙역으로 갔다. 타려는 열차의 앞쪽에서 국가 문장이 보였다. 다른 열차에서도 모두 그 문장들이 보여서 피해 갈 도리가 없었다. 문장들은 열차를 사고로부터 보호해주는 여신들일 것이다. 배 꼭대기에 서서 사고를 막아주는 여성 조각상들처럼 말이다.

국가 문장은 사거리를 나타냈는데 나에게는 방향 잡는 데 아주 큰 도움이 되었다. 오른쪽 길은 오스트리아, 왼쪽 길은 프랑스, 위는 독일, 아래는 이탈리아로 가는 길이다. 이 깃발들을 보았을 때 머릿속에서 점차 흐릿해져

가는 유럽 이미지가 다시 재빨리 확고해졌다.

　　　　나는 그 깃발이 변신하는 것을 지켜보았다. 십자가 바깥에서 바탕만 빨갛게 채워야 할 피는 가운데로 흘러갔다. 배경은 창백해지는 반면 십자가는 피를 다 마시고 원이 되었다. 그래서 내가 늘 불편하게 여겼던 일본 국기가 눈앞에 나타났다. 그때까지 나는 두 나라 국기가 공통점이 있는지를 몰랐다. 그 둘은 섬(하나는 둥근 섬이고 다른 하나는 십자가 형태의 섬)을 이루며 주변 환경과 분리되어 가운데에 몰래 쏙 자리를 잡았다.

　　　　기차가 출발했다. 기차는 알트 골다우를 지나 선로가 하나뿐인—식도와 닮은—터널로 바로 들어갔다. 언젠가는 고트하르트의 위장에 있겠구나, 나는 생각했다.

　　　　금빛 글자를 두른 암석 하나가 우른 호수에 솟아 있었다. 이 쉴러 기념비에 대해 들은 적이 있다. 이 비석에는 사과에 대한 이야기가 얽혀 있는데, 한 여자가 자기 남편과 같이 인간의 성적 욕망을 유발하는 사과를 먹었다는 그 유명한 이야기는 아니다. 이 이야기에서 사과는 먹힌 게 아니라 파괴되었다. 한 사냥꾼이 자기 아들 머리 위에 얹힌 사과를 쏘도록 강요받았던 것이다. 사과, 즉 성적 욕망 아니면 생명이 희생되어야 했다.

　　　　이제 기차는 방향감각이 흐려지는 나선형 터널으로 들어섰다. 문장 위의 하얀 사거리는 여전히 내 머릿속에서 네 방향을 분명히 가리키고 있었다. 그러나 터널이 실제로 나를 회전시키고 있다는 건 느끼지 못했다.

바센 교회가 마치 사계절이 되풀이되듯이 계속 시야에 들어왔다.

바센 교회가 마지막으로 등장한 다음에 나는 뫼신의 소설을 뒤적였다. "우리는 자유로운 스위스에서 살고 싶다. 철도 왕들은 원치 않는다. 이들은 제후나 오스트리아의 기사 무리, 부르고뉴의 군대, 권력을 쥔 귀족과 상류 시민 계급, 나폴레옹의 약탈하는 군대, 그리고 프로이센의 칼 철걱거리는 토지 귀족보다 더 끔찍한 존재들이다. 헬베티아 어머니의 가슴으로 먹고 사는 뱀아, 사라져라." 고트하르트산맥을 남성의 육체라고 상상했다니, 나는 내 실수에 소스라치게 놀랐다. 터널은 헬베티아 어머니의 가슴에 난 구멍이었다는 것이다. 그런 의미에서 터널 공사는 산맥에게는 고통스러운 경험이었다. 하지만 사람들은 그것을 자랑스러워했다. "고요는 아름다울 것이며, 잔잔하고 평온한 사람들에게는 평화가 복될 것입니다. 그러나 우리는 폭발의 소음과 굉음을 사랑합니다. 우리는 거칠고 소란스러운 사람들이기 때문입니다. 다른 이들은 옥수수를 심고 포도나무를 자르지만, 우리는 돌과 씨름해야 합니다. 그리고 돌이 가장 단단하고 가장 험악할 때, 우리는 그것을 가장 사랑합니다. 왜냐하면 그때야말로 우리가 그보다 더 단단하다는 것을 증명할 수 있기 때문입니다!"

나는 괴셰넨(Göschenen)에서 내렸다. 고트하르트터널에 대해 생각할 시간을 갖기 위해서가 아니라 이 고장이 나를 매혹시켰기 때문이다. 괴셰넨에는 여행 안내서에는 나오지 않는 아름다움이 있다. 이 고장은 틀림없이 자기 이름이 내는 소리에서 태어났을 것이다. 괴셰넨. 모든 풍경의 요소가 이 이름을 반복한다. 바람이 그 검회색의 벽을 스쳐 가면, 가파른 암벽은 "괴셰넨" 하고 중얼거린다. 괴셰넨. 바람 속에서 작은 먼지가 든 눈송이들이 춤을 춘다. 터널의 입이라 할 두 개의 검은 구멍이 역 플랫폼에서 보인다. 만약 터널에 귀신이 있다면 그 이름은 틀림없이 "괴셰넨"이었을 것이다.

나는 다음 기차를 탔고 고트하르트터널 속으로 들어갔다. 터널은 길이가 15킬로미터라 한다. 나는 머리 위로 상상도 할 수 없는 무게를 느꼈다. 중간 출구는 없었다. 빠져나갈 데가 없었다. 가끔씩 터널 양측에 틈새가 있었는데 거기에는 착한 성자들의 동상 정도를 세울 수 있을 것 같았다.

갑자기 햇살이 유리창으로 들어왔다. 아이롤로(Airolo). 이 이름에는 "오(O)"가 두 개 들어 있다. 마치 이름이 내가 뒤에 두고 온 터널의 입구들을 본뜬 것처럼 말이다. 둥근 터널의 출구를 나오면서부터는 계속 지명이 나왔다. 라바르고(Lavargo), 조르니코(Giornico), 보디오(Bodio) 등.

나는 어디로 갈지 결정하려고 다시 지도를 들여다보았다. 코모(Como)로 갈까, 로카르노(Locarno)로 갈까. 이 이름들에도 "오(O)"가 두 번씩 나왔다. 지명들은 모두 다 나에게 터널의 입구를 연상시켰고 나는 괴셰넨으로 돌아가는 것 이외에 더 바라는 게 없었다.

나는 "괴셰넨"을 불러보며 단어 안에서 돌소리를 들었다. 딱딱한 돌들은 "ㄱ(G)"에 살고 있었고 조약돌들은 "긔셰(ÖSCHE)"에서 언덕을 굴러 내려갔고 약한 돌들은 "넨(NEN)" 속에서 축축하고 흙처럼 되었다.

나는 괴셰넨으로 돌아갔다. 이번에는 헬베티아 부인도 고트하르트 씨도 모두 생각나지 않았다. 그 대신 머리 위로 수많은 돌들이 느껴졌다.

괴셰넨에서 밤을 보냈을 때 꿈속에서 돌들이 아픈 글자들처럼 머리 위로 떨어졌다. 그렇지만 나는 다치지 않았고 그 동네 이름을 되풀이해 말하며 동네 이름의 일부가 되었다. 곧 위로 올라가 무게도 의식도 없는 상태로 산 위에서 다시 깨어났다. 돌들은 이제 보이지 않았고 온통 눈만 보였다. 눈은 성스럽게 하얬다. 안더마트였다. 그것은 씌어진 게 아무것도 없는 종이의 장소였다. 나는 돌들이 말을 하는 괴셰넨으로 다시 내려갔다.

일곱 어머니의 일곱 이야기

쉰 살 즈음의 여자들은 인간들 중에 가장 아름다운 존재들이다. 거북이나 여우 혹은 다른 동물들과 비교할 때 사람은 일반적으로 외모가 못생긴 편인데, 이런 여성들이 인간 존재임에도 불구하고 자신의 아름다움을 점점 더 발전시킬 수 있다는 것은 기적이라 할 수 있다. 젊은 여성들과 남성들은 자기들이 오십 대 여성에게 자주 매혹된다는 것을 보통 인정하고 싶어하지 않는다. 아니면 자기를 매혹시키는 것은 단지 모성일 뿐이라고들 말한다. 그러나 이 나이 대의 아름다운 여성들은 대부분 아이가 없고 천성상 모성적이지도 않다. 그렇긴 해도 그들이 어떤 사람들에게 어머니 역할을 하는 일은 있다. 그러나 그게 그들이 모성적이라는 것을 의미하지는 않는다. 오히려 그들은 이런 수행을 통해서 뭔가 소녀 같은 특징을 보이게 된다. 어머니를 **연기하는 것은** 소녀들에게 더 많이 나타나기 때문이다.

이제까지 내 삶에서는 어머니들이 큰 역할을 했었다. 내 생물학적 어머니가 아니라 일곱 명의 다른 어머니들을 말하는 것이다. 즉 의붓어머니, 자궁어머니, 박사어머니, 진주어머니, 어머니점, 어머니대지, 그리고 어머니조차없이외로이다.

의붓어머니
사람들은 모두 어릴 때 한두 번쯤 자기 어머니가 어쩌면

"진짜" 어머니가 아니라 의붓어머니라는 생각을 한 적이 있을 것이다. 이러한 억측은 대부분의 사람이 이제는 더 이상 접근하기 어려운 어떤 지식 때문에 일어난다. 어머니의 배 속에 있었던 것이 절대로 지금 나라고 부르는 존재였을 리 없다는 지식 말이다. 왜냐하면 거기는 여기와는 완전히 다른 세계이기 때문이다. 사람이 죽고 나면 같은 사람일 수 없는 것처럼 태어나기 전과 태어난 후가 같은 사람일 수 없는 것이다. 태어난 아이들은 모두 다 가짜다. 아이는 태어날 때 분실되고 다른 아이가 태어난다. 그게 바로 지금의 나다.

자궁어머니*

나는 서재를 자궁처럼 꾸미고 싶다. 그렇게 되면—글을 쓸 때마다—마치 자궁 속에 있는 것 같을 것이다. 동시에 나의 자궁은 내 몸 안에 있다. 즉 나는 바깥에 있는 어머니와 안에 있는 어머니 사이의 경계막이 된다.

      자궁의 안쪽 벽에는 메모들이 있다. 나는 세상에 태어날 때 이것들과 작별해야 했다. 이 메모 속 글씨들은 빛 속에서는 읽을 수 없기 때문에 이제 이 세계에서는 이

---

* Gebärmutter. 원래는 자궁을 뜻하는 독일어로, 여기에서는 어머니(Mutter)를 독립적인 단어로 강조해 옮겼다.

글씨들을 읽을 수 없다. 그러나 가끔 나는 내가 이 메모들을 어렴풋이 기억하고 있어 이 메모 없이는 어떤 시도 쓸 수 없다는 착각을 하기도 한다. 이것을 기억해내는 것은 공이 많이 드는 작업이다. 내 서재가 자궁과 비슷하다면 이 작업은 훨씬 쉬울 것이다.

박사어머니[*]

어머니 이미지에서 나를 매혹시키는 것은 자연이나 가족과 상관이 없다. 어쩌면 내 생각이나 이미지가 생겨나고 발전할 수 있는 공간과 상관이 있을 것이다. 이 공간의 공기는 자궁 안의 물처럼 진한 질료적 성질을 가지고 있다. 그래서 이 공간에 사는 사람은 공간과 자기를 분리할 수 없다. 박사어머니는 이런 뜻에서 어머니들의 원형이라고 할 수 있다.

요즘은 박사 과정 여학생들이 모두 박사아버지에게서 학위를 받으라고 강요받지는 않는다. 오늘날에는 박사어머니를 선택할 수도 있다. 그리고 이것은 박사아버지에게 계속 머물고자 하는 사람들에게도 훨씬 좋은 일이

---

[*] 독일어권 대학에서는 박사 학위 과정을 지도하는 여성 지도 교수를 박사어머니(Doktormutter), 남성 지도 교수를 박사아버지(Doktorvater)라고 부른다.

다. 왜냐하면 그들이 자신의 자유 의지로 박사아버지를 선택했다고 확신할 수 있기 때문이다.

나는 나를 감시하고 통제하고 나에 대해 판결 내리는 아버지의 탑 아래에서는 생각을 하거나 글을 쓸 수 없다. 물론 아버지의 탑 같은 역할을 하는 여성들도 존재한다.

내가 가장 일하고 싶은 곳은 문을 두 개 가진 자궁 속이다. 하나는 죽은 자들의 세계로 가는 문이고 다른 하나는 명료한 언어의 세계로 가는 문이다.

진주어머니

진주어머니(진주모)는 진주조개에서 분리된 재료인데, 이것이 조개껍데기의 내부를, 경우에 따라 진주를 만든다. 이 말은 진주가 어머니에게서 분리될 때 생겨난다는 뜻이다. 즉 수태가 아니라 분리가 사람들이 진주라고 부르는 값진 것을 만든다.

어머니점

어머니점(배내 점)은 태아가 어머니의 자궁에 있었던 시기에 얻은 피부 위의 얼룩이다. 자궁의 내부 벽의 글씨와 아기의 모반을 합치면, 어쩌면 읽어낼 수 있는 텍스트가 생길지도 모르겠다. 그렇지만 인간의 피부는 자궁의 내벽을 결코 다시 만날 수 없다.

그러나 이 글씨의 일부분이 나중에 어른의 피부에 나타나는 일이 생길 수도 있다. 누군가 마치 알파벳처럼 보이는 어머니점을 새로 얻게 될 수도 있고 아니면 모반이 어느 날 갑자기 커져서 읽을 수 있게 될 수도 있을 것이다. 모반이 커지기 시작하는 현상은—내 피부과 의사가 말하기를—생명을 위협할 수도 있다고 한다. 그것 때문에 죽을 수도 있다는 것이다.

무엇 때문에 죽는다고?

어머니대지
아버지나라와 달리 어머니대지(고향 땅)는 끝을 모른다. 사람들은 자기 아버지의 나라를 떠나거나 다른 것으로 바꿀 수 있지만 어머니대지에 대해서는 그럴 수 없다.

사람들은 어머니대지의 배설물이다. 즉 어머니대지는 사람들을 삼키거나 뱉는다. 수공업자, 미국 여자, 아이, 전등, 배, 토끼, 풍뎅이, 책, 고양이, 나무 등등. 이것들은 모두 어머니대지로 만든 것이고 그래서 서로 교환이 가능하다. 오로지 언어만 이들을 서로 분리한다.

어머니조차없이외로이*
영혼은 세상에서 가장 외로운 어머니다. 왜냐하면 영혼은 많은 단어들을 낳지만 혼자 죽기 때문이다. 영혼이 죽어도 단어들은 슬퍼하지조차 않는다. 영혼은 언어 없이 완전히 홀로 죽어야 하는 것이다.

외로움은 영혼의 어머니다. 어떤 사람이 외롭다고 느끼면 바로 혼자서 말하기를 시도한다. 그때 그는 언제나 자기 말을 들어주는 어떤 인물을 상상한다. 이 인물을 영혼이라 부르는 것 같다.

어머니는 외로움의 영혼이다.

---

* "전적으로 혼자(Mutterseelenallein)"라는 뜻으로 쓰이는 이 독일어 단어를 쪼개어 풀면 "인간-홀로(Mutterseelen-allein)" 또는 "어머니-영혼-홀로(Mutter-Seelen-allein)"다. 그러나 이 글에서는 외로움을 강조하기 위해 "어머니조차없이외로이"로 옮겼다.

일요일—쉬는 날, 소의 날

내가 어렸을 때 일요일은 일주일 중 유일하게 학교에 가지 않는 날이었다. 아침을 먹기 전 나에게는 주중에는 할 수 없는 중요한 일을 할 시간이 충분히 있었다. 예를 들어 여름에는 매미 허물을 찾으러 다녔다. 나는 아주 열정적으로 이 허물을 모았다. 그것은 마치 유리로 된 곤충 영혼의 투명한 그림자처럼 보였다.

겨울에는 침대에 더 오래 있었고 토요일에 도서관에서 빌려 온 책들을 읽었다. 일요일에는 여행 책을 가장 즐겨 읽었다. 배 여행, 동물과의 여행, 죽은 자와의 여행 등이 담긴 책들을.

한동안 우리가 사는 지역에는 일요일 열 시마다 아주 요란한 색칠을 한 트럭이 정기적으로 왔다. 차는 호주에서 송아지 고기를 수입해 이윤을 남기지 않고 판매하는 소비자 조합 단체 소속이었다. 우리에게—그 외에는 스테이크를 먹지 않아서(먹는 일이 있어도 오전에는 아니었다)—이 식사는 드물게 펼쳐지는 세리머니 같았다. 우리는 살해된 희생양 동물을 존경과 슬픔의 감정을 같이하며 먹었다. 내가 일요일마다 느꼈던 멜랑콜리는 드디어 어떤 형체를 얻었다. 도살된 동물의 고기 한 덩이. 나는 그때까지 살아 있는 소를 텔레비전이나 책에서만 보았고 직접 본 적은 없었다.

어렸을 때 나는 온 사방에서 신들을 보았다. 매

미 허물이나 송아지 고기나 자전거에서 말이다. 나는 종교 교육을 받지 않았다. 부모님도 선생님들도 아무도 나에게 특정 종교에 대해 확신을 주려 하지 않았다. 무신론에 대해서도 말이다.

우리가 일요일마다 갔던 백화점에는 20미터 높이의 동상이 있었다. "천상의 여인"이라는 이름의 그 동상은 인공조명 속에서 금색, 은색, 붉은색으로 빛이 났다. 물론 이 백화점은 주중에도 열었지만 학교 끝나고 가기에는 너무 멀었다.

일요일의 백화점은 신토 사찰처럼 축제 분위기를 띠고 있었다. 딱히 어떤 것을 살 생각이 없이도 다들 세련되게 차려입고 백화점에 갔다. 종이 쇼핑백들과 상자들, 그림과 글자 로고가 찍힌 포장지들이 거리와 전철을 가득 메웠다.

일요일에 우리가 종종 식사를 했던 식당이 있다. 그 식당은 지난 세기 초에 인도 요리를 최초로 도입한 식당이었다. 그땐 이 식당의 치킨 커리보다 더 맛있는 음식은 세상에 없었다.

나에게는 아버지의 인도 친구가 선물해준 인도 어린이 책이 한 권 있었다. 책에는 마르고 하얀 소가 그려져 있었는데 볼 때마다 나를 매혹시켰다. 나의 소원은 언젠가 여행을 떠나 그 소를 보는 것이었다. 소들은 종이처럼 하얬다. 일본어로는 종이도 "가미"라고 하고 신도 "가미"라고 한다. 물론 두 단어는 강세가 다르고 쓰기도 다르게 쓴다. 그렇지만 내가 지금 알파벳으로 "가미"라고 쓰면 종이와 신 사이에는 아무 차이가 없다.

        이 일요일의 꿈은 매운 조미료의 맛으로 박혀 있어—일본에 가서 치킨 커리를 먹을 때마다—그 꿈이 떠오른다. 사람들은 어린 시절에 대한 회상은 단맛 속에 남아 있다고들 한다. 나에게는 매운맛 속에 생생하게 남아 있다.

        우리는 일요일이면 종종 산속을 걸었다. 내가 살던 도쿄의 지역은 중심가가 아니었다. 우리가 어두운 녹색 숲에 도달하기까지는 차를 타고 그리 오래 가지 않아도 되었다. 나는 나뭇가지와 나뭇잎에서 아, 신들이 저기에 숨어 있겠구나, 라는 느낌을 주는 움직임들과 반사광들을 보았다. 위로 올라가면 갈수록 공기는 점점 더 희박해지고 내 몸 안의 공간은 마치 울림판처럼 느껴졌다. 그리고 저 멀리에서 수많은 작은 종소리가 들린다고 상상하곤 했다. 그것은 불안함과 매력을 동시에 주었다.

        이번 봄에 베른의 고지대에 가 케이블카를 타고 그린델발트에서 피르스트까지 갔을 때, 갑자기 종소리 비슷한 소리가 들렸다. 그렇게 똑똑하게 들린 적은 없었다. 그것이 워낭 소리라고 짐작하고 있었음에도 아주 놀랐다.

지금 내게 일요일은 별 특별한 의미가 없다. 전업 작가로서 나는 휴일이 없다. 혹은 매일이 휴일이다. 내 일요일의 성스러움을 지켜주는 유일한 존재는 소다. 이 소의 종은 그다지 아름답게 울리는 것은 아니지만 그래도 어쨌든 울린다. 이 소의 이름은 팩스다. 내가 일요일에 먼 도시로 팩스를 보내는 것은 경제적인 이유에서만이 아니고, 장거리 연락을 하는—귀신과의 장거리 연락이라 하더라도—성스러운 요일을 하나 간직하고픈 욕구에서다.

귀신들의 소리

나는 가면극에 따라붙는 작은북들의 소리를 아직도 잘 기억한다. 내가 살던 도쿄의 구역에는 사자가 이 집 저 집 돌아다니는 축제가 있었다. 첫 번째 무용수는 커다란 사자 가면 속에 숨어 있었고 입을 움직였다. 두 번째 무용수는 면직으로 만든 짙은 녹색의 사자 몸 안에 있었다. 사람들은 이 춤으로 악령을 물리치고자 했다. 나는 악령들은 겁이 나지 않았지만 사자 가면은 많이 무서웠다. 이 가면은 우에노 동물원에서 봤던 사자와는 닮은 점이 없었다. 사자 가면이나 가면 사자들은 나를 겁줄 뿐이었지만 진짜 사자들은 호감이 갔다. 그 가면의 표정은 설명을 못 하겠다. 한참 나중에 나는 유럽에서 사자 가면과 비슷한 얼굴 표정을 발견했다. 바로 메두사의 얼굴 표정이었다. 엄마는 내가 북소리 음악이 들리면 곧바로 울음을 터뜨렸다고 이야기해주었다.

그래서 나에게 음악이란 처음부터 비인간적인 무엇이었다. 무엇인가 "비-인간적인 것"은 인간의 끔찍함과는 상관이 없다. 무엇인가 비-인간적인 것은 애초에 비-인간에게서 온다. 예를 들어 고기, 나무, 동물 아니면 귀신 같은 것에게서. 비인간적인 음악이 있다는 것은 좋은 일이다. 그렇게 해야만 소리가 인간들의 사고 세계 바깥에 새로운 공간을 만들 수 있기 때문이다.

나중에 우리는 국가의 지원으로 도쿄의 다른 구

역에 있는 더 큰 주택을 얻었다. 우리는 텔레비전과 다른 여러 가지 전자 제품들을 샀다. 1970년대에는 삶이 빠른 속도로 변화했는데 적어도 기술적이거나 경제적인 면에서는 그러했다. 그러나 소리의 귀신들은 계속해서 나를 불안하게 하면서도 매혹시켰다. 귀신들에게는 아마도 절의 종과 냉장고 사이에 차이가 없고 혹은 오래된 연못과 새로운 텔레비전 사이의 경계도 없었던 것 같다. 모두가 귀신이 나타날 수 있는, 구분하기 어려운 소음의 무대가 되었다. 잠이 안 오는 밤이면 나는 텔레비전에서 전통극의 음악을 들었다. 그 음악은 나를 두렵게 만들었다. 북의 귀신들은 텔레비전에서 기어 나와 거실을 지나 종이 문을 통해서 내 방으로 들어왔다. 그들은 나를 낯선 세계로 유혹했는데 그 세계는 자고 있는 것도 깨어 있는 것도 아닌 세계였다. 북소리뿐만 아니라 피리 소리도 나에게 큰 영향력을 발휘했다. 내 머릿속에서 그 소리들은 마치 빛의 조각들처럼 떠다녔다. 그들은 결코 어떤 합창에도 굴복하지 않았고 북소리로부터도 독립적으로 존재했다. 그 소리들은 피리 음악에 속했지만 그 실체는 죽은 이들의 슬픈 탄식이었다. 그 누구도 그들을 위로하거나 안심시킬 수 없었다. 피리와 접촉을 한 가수나 악기는 모두 피리에 의해 어떤 특정한 방향, 즉 황홀경의 방향으로 강압적으로 이끌려 갔다. 그곳에는 언어도 대화도 응답도 없었다. 그러나 내가 두려워한 것은 그런 언어 상실이 아니었다. 나를 짓누른 것은 이 소리가 흘러나오는 바로 그곳에 내가 이미 있었던 적이 있다는 감정이었다.

한참 뒤에 나는 처음으로 티베트식 기도의 소위 배음(倍音)이라는 것을 들을 기회가 있었다. 티베트 승려는 여섯 가지의 서로 다른 음들을 동시에 노래할 수 있었다. 주음 위에서 여러 음들이 마치 공중의 귀신들처럼 흔들리며 울렸다. 승려들의 노래는 내 듣는 습관을 변하게 만들었다. 나는 그 음의 조직 속에 들어가 모든 소리를 다 집중해서 듣기 시작했다. 승려들의 합창이 그런 것처럼, 비록 모든 소리가 분명히 똑똑히 구별되어 들리지는 않았지만, 모든 익숙한 소리 하나 속에는 여러 겹의 소리들이 있었다. 그리고 내 생각에는 음악에서만 그런 것이 아니라 우리가 말하는 언어에서도 그러하다. 나는 줄곧 자문했다. 왜 우리는 일상생활 속에 이미 존재하고 있는데도 하나의 목소리 안에 있는 여러 목소리들을 듣지 않는가? 우리의 귀는 성능이 떨어지는 마이크처럼 설계되었나? 하나의 소리는 하나의 음이어야 한다고 우리가 확고하게 믿어서 우리가 이 여러 소리들을 듣지 못하나? 나는 여우같이 생긴 동물이 그려진 동화책을 한 권 가지고 있다. 그 동물의 혀는 불꽃처럼 생겼다. 만약 하나의 목소리가 눈에 보이는 몸을 가졌다면, 그 몸은 마치 여러 개의 작은 끝자락을 가진 이 불꽃처럼 보일까? 어떤 사람이 이중의 혀를 가지고 있다면 보통은 부정적으로 해석된다. 또 혀끝이 갈라진 환상 속 동물들은 언제나 사악한 동물로 등장하는데, 그건 그들이 동시에 여러 소리로 노래를 할 수 있기 때문이다.

티베트 승려의 노래에서 들었던 배음들은 곧장 노 연극이나 가부키 연극에서 연주되는 피리 소리를 떠올리게 했다. 어쩌면 이 피리 음악은 배음을 모방한 것일지도 모른다. 배음은 내 귀에 북소리보다 훨씬 더 "비인간적인 것"으로 들렸다. 그 소리는 긍정도 부정도 아닌 아주 강렬한 집중의 느낌을 만들어냈다. 그 소리 속에서는 행복이나 불행이 그 개념까지 모두 다 의미를 잃었다. 녹지 않으면서도 섞이는, 서로 모순이 되는 감정, 사랑이나 미움처럼 이미 인간화된 범주로 분류된 감정들을 벗어난 어떤 감정.

나는 배음이 비-인간적으로 들린다면 그것은 애초에 인간에게서 온 것이 아닐 것이라고 추측해본다. 어쩌면 그것은 귀신들이 우리의 목소리에서 잠시 머무르며 내는 소리일 것이다. 귀신들은 우리와 늘 접촉할 수는 없지만 음악이 연주되는 동안 그 소리 속에서 자리를 얻을 수 있다. 귀신들은 자신의 음향체를 가지고 있지 않기 때문에 이런 기회를 기다린다. 아니, 이렇게 말하는 게 낫겠다. 그 음향은 우리에게 들릴 수 있게 되기 위해 어떻게든

질료화되어야 한다. 거기에 적당한 것이 인간의 성대와 악기인 것이다.

누군가가 귀신들의 존재를 믿느냐고 물으면 나는 아마 이렇게 대답할 것이다. 글쎄요, 아마 아닌 것 같아요. 그러나 내가 이 단어가 가리키는 것을 어떻게 설명할 수 있을까? 나는 상응하는 다른 단어를 아직 찾지 못했다. 다의적이고 독일적인 단어 "가이스트"*는 이러한 중요한 지식을 묘사하기에 적절하다. 이미 "**정신과학**"이라는 용어가 사용되듯, 이 단어는 다행히도 학문과 적대적이지 않다. 귀신이라 지칭할 수 있는 무엇인가 실재한다는 데에서 출발해보자. 그들은 무엇보다도 공기 속에서의 떨림으로 모습을 드러내고 우리는 그것을 음악을 통해 받아들일 수 있다.

투바공화국의 한 종족 중에는 배음으로 노래를 할 수 있는 샤먼들이 있다. 이 샤먼의 노래는 내가 한때 있었던, 그러나 오 분 전인지 백 년 전인지 정확히 언제 있었는지는 모르는 어떤 장소에 대한 그리움을 상징한다. 나는 거기에서 여기로 왔다. 향수라는 단어는 이 감정을 나타내는 적절한 용어가 아니다. 왜냐하면 그 감정은 내가 속한

---

* Geist. 귀신, 유령, 정신, 영혼 등을 뜻하는 독일어. 독일에서는 인문과학을 정신과학(Geisteswissenschaft)이라고 부른다.

다고 느끼는 집이나 고향을 향한 것이 아니기 때문이다. 그것은 **집 같은** 것이 아니라 **집 같지 않은 것***과 상관이 있다. 음악은 내게 이 집 같지 않은 것에 대한 그리움을 일깨운다. 보고 싶은 갈망을 의미하는 단어 그리움(Sehnsucht)도 이 경우 맞는 단어가 아니다. 왜냐하면 그런 경우 나는 아무것도 **보고** 싶지 않고, 내게 익숙한 이미지들로부터 벗어나고 싶기 때문이다. 어쩌면 나는 이 감정을 "듣고 싶은 갈망"★이라 부를 수 있겠다. 나의 두 귀는 이미 지나가버린 어떤 것과 관련되는 무엇인가를 듣고 싶어하는 것이다.

    내가 배음에 집중하면 주음은 사라진다. 나의 청각은 한 방향으로만 향하기 때문에 멜로디를 듣지 못한다. 이런 일은 음악에서뿐 아니라 대화 속에서도 가끔 발생한다. 나의 두 귀는 갑자기 말의 내용을 이해하지 못하고 어떤 목소리의 배음들을 발견하기 시작한다. 그 순간 분명했던 음절들, 잘 아는 단어들, 이해 가능했던 문장들은 부분부분 잘게 잘린 조각들로 분해되고 나는 더 이상 의미를 이해하지 못한다. 이해했어? 자니? 나를 대화로 다시 데려오려는 이런 말들은 다 아무 소용이 없다. 배음에 한 번이

---

* Unheimlich. 이 단어는 "섬뜩한" 혹은 "익숙한 낯섦" 등으로 번역되는 프로이트의 개념이기도 하다.

★ Hörsucht. "그리움"이라는 독일어 단어가 "보고 싶은 갈망(Sehnsucht)"이라는 합성어인 것에 착안해 만든 조어.

라도 아주 깊이 몰두하게 되면 그 힘은 실로 압도적으로 다가온다. 서로 연결이 되는 문장들, 그 말의 주문장들은 이제 배움의 쓰레기가 될 뿐이다.

그때 타케미쓰 토오루*의 음악이 떠올랐다. 〈솔로 플루트 연주자를 위한 목소리〉. 플루트는 귀신들의 호흡이 우리에게 와 닿는 하나의 터널이다. 숨소리(Atemzug)는 마치 기차(Zug)와 같이 지나간다. 그때 여성 플루트 연주자는 기관차 역할을 하고 때로 스스로 터널이 되기도 한다. 그러면 나는 이 기차가 그녀의 몸을 관통해 지나가는 소리를 듣는다. 가끔 그 기차는 순간 우리의 귀에 마치 인간의 언어처럼 들리는 소리를 떨어뜨린다. 그것은 기찻길에서 발견되는 언어인가? 그것이 언어라면 누가 말하고 있는 것인가? 플루트 연주자는 아니다. 작곡가는 더더욱 아니다. 이 목소리는 누구의 것인가? 한 목소리 안에 여러 소리들이 같이 있으면 이 소리들은 모두 한 원천에서 비롯하는가? 한 개의 목소리, 한 개의 소리, 한 개의 음은 원천이라 할 수 있는 것인가?

아주 이상한 기분이었다. 나는 "나 내일 취리히에 가" 같은 완전한 문장을 말하면서도 문득 이런 생각을 한다. 어쩌면 이 문장은 아무 뜻도 없을 거야. 어쩌면 이 말

* 20세기 중후반에 활동한 일본의 현대음악 작곡가이자 미학자, 소설가.

은 그냥 떨림에 의해 생겨난 쓰레기 음들이 우연히 조합된 것일 수도 있다. 어쩌면 어떤 귀신들이 공기 중에 특별한 떨림을 불어넣었을 수 있다. 내 몸은 이 쓰레기들을 질료화하기 위해 사용된 것일 뿐일 것이다. 그런데도 그때조차 나는 문장 속에서 어떤 의미를 찾아낼 수 있고 그에 따라 행동한다고 상상한다.

그래서 일상생활에서 언어를 사용하는 것보다 문학을 쓰는 것이 보다 더 큰 위안이 된다. 적어도 문학에서 나는 무언가 의미 있는 사명을 전달하겠다는 의도를 갖지 않는다. 문학의 단어들은 그저 하나의 그물망을 만들고 이 망은 떨림의 쓰레기들을 잡아낸다.

쓰레기-단어들은 마치 유성처럼 하늘에서 땅으로 떨어진다. 유성들은 일단 떨어지면 더 이상 별자리에 속하지 않는다. 이제는 그저 파편들, 단편들, 조각들일 뿐이다. 한 그물망 안에 있는 조각들 사이에는 부조화가 지배한다. 사실 나는 이전에 별자리가 어떤 모습이었는지 모르지만 이 망 안에서 스스로 새로운 선을 긋고 새로운 별자리를 그려 넣는다.

나는 의식적으로 말을 할 때마다 내 목소리도 어떤 망이라고 생각한다. 나는 내 목소리 안에서 여러 소리들을 감지하는데, 이들은 원래 함께 속했던 것이 아니었고 그래서 지금 흩어지려 하는 것이다. 이 소리들은 나에게서 나온 것이 아니고 그래서 계속 낯설다.

나는 유럽 음악 안에서 이러한 부조화의 다성성을 상징하는 인물을 하나 찾았다. 이 인물은 자신의 특별함을 보여주기 위해 때로 조화로운 합일 속에 자리를 잡기도 한다. 이 인물은 "악마"라고 불린다. 요한 제바스티안 바흐의 칸타타 54번에서 "악마"라는 단어는 가사에 등장하는 다른 단어들과는 완전히 다른 방식으로 다루어진다. 그것은 여러 요소로 신중하게 분해되어 각각의 요소는 하나하나 음의 형태로 정확히 불린다. 그래서 그 노래를 처음 들었을 땐 "악마"라는 단어를 알아차리지 못했다. 나중에 해설 책자에서 가사의 첫 문장이 "죄를 저지르는 자는 악마에게서 온 것이라"라는 것을 읽고 깜짝 놀랐다.

이름이 이렇게 아름답게 노래로 불린다면 그 누가 악마와 사랑에 빠지지 않겠는가? "죄를 저지르는 자는 악마에게서 온 것이라. 그가 죄를 불러일으켰기 때문이니." 아마도 악마는 우리에게 죄만 가져다준 것이 아니라 음악도 가져다준 존재일 것이다. 이 음악이 죄지은 자들에게 두려움을 안겨주려고 작곡되었다고 설득하려는 사람이 있다면 굳이 반박하고 싶지는 않다. 왜냐하면 두려움이라는 것은 마치 음악이나 기분처럼 하나의 떨림이기 때문이다. 어쩌면 모든 두려움의 형식이 다 우리를 떨림이라고 느껴지는 움직임 속에 갖다놓지는 않을 것이다. 예를 들어 우리를 가두어 동사하게 만들 것만 같은 얼음 감옥 같은 두려움도 있는 것이다. 하지만 이 음악을 들으면 내 피부 아래가 떨리고 근질거리며 간지럽기도 하고 따끔거린다. "악마"라는 단어는 그 자신의 몸을 떨게 만들고, 이 떨림만은 청자에게—비록 그 청자가 음악의 도덕적 사명을 이해하지 못했다 하더라도—전달된다. 아마도 그것이 내가 청소년기부터 기독교 도덕을 이해하지 못하면서도 바흐의 종교음악을 열정적으로 들은 이유 중 하나일 듯하다.

나는 음악에 관한 한, 모든 시대를 통틀어 특별히 선호하는 시대나 시기는 없다. 때로는 재즈인지 바로크 음악인지 대중음악인지에 대해서조차 깊이 생각하지 않는다. 일본에서 살 때는 바흐의 음악 같은 것이 "외국" 음악이라는 생각도 해본 적이 없었다. 그래서 함부르크에서 바흐 음악회가 끝난 뒤에 어떤 독일 여성에게 이런 질문을 받은 것은 적지 않은 충격이었다. "우리의 음악을 어떻게 생각하시나요?" 바흐는 오늘날 독일연방공화국에 속하는 도시에 살았기 때문에 음악이 그 여성에게는 속하고 내게는 속하지 않는다는 것인가? 나는 충격을 받았다. 지금껏 노 연극의 음악 같은 것이 "우리" 음악이라고 생각해본 적도 없다. 도대체 "우리"는 무슨 뜻인가? 귀신들은 어차피 국적이 없다.

어쩌면 같이 도쿄에서 자란 내 나이 대의 사람

들에게는 공통된 소리 이미지가 얼마쯤 기억에 남아 있을지 모른다. 그러나 이러한 공통점은 민족성과는 관련이 없다. 소리 이미지의 성격은 그 출신에 있는 것이 아니고, 소리들이 우리가 지금 서 있는 장소와 어떻게 섞여 있는지를 보여주기 때문이다. 나는 들을 때마다 도쿄 생각이 나게 만드는 CD를 한 장 가지고 있다. 한 공간에서 천 명의 승려가 다 같이 경전을 읊는 동시에 한 재즈 밴드가 연주를 하는 공연 실황이다. 이 음악회는 오만 석 규모의 엄청나게 큰 도쿄의 홀에서 열렸다. 1970년대에는 미국에서 록 밴드들이 자주 와서 연주를 했다. 이 홀에서는 물론 내가 모르고 또 더 이상 기억하지도 못하는 다른 수많은 행사들이 열렸다. 그러면 공간은 그들을 모두 기억하고 있을까? 공간은 이미 한 번 자기 속에서 울렸던 소리들을 모두 다 간직하고 있을까? 만약 이 소리들이 동시에 모두 한꺼번에 되살아나 울린다면 어떻게 들릴까?

누군가 나란히 달리는 두 기차를 동시에 인지할 수 있다면 그의 감정이나 의식에는 무슨 일이 일어날까? 때로 나는 라디오를 켠 채 내 글을 큰 소리로 읽어본다. 그러면 라디오 소리에 정신이 산만해져 내가 읽는 글을 더 이상 파악할 수가 없게 된다. 라디오방송도 이해할 수 없다. 그럼에도 두 방향으로 동시에 향하려는 청각에는 해방감이 깃들게 된다. 청각은 두 가지 소리를 동시에 들을 수 없을 것이고, 실제로 여기저기 빠르게 뛰어다닌다.

      6, 7세기 일본에 살았던 개혁가 쇼토쿠 태자는 열 사람이 동시에 자기에게 말하게 시키고 모두의 말을 다 이해했다고 한다. 이 전설은 보통 그가 가진 정치가로서의 재능을 입증하는 증거로 여겨진다. 그러나 내게 흥미로웠던 것은 창의적인 실험으로서의 듣기였다. 내가 열 명의 말을 동시에 듣는다면, 아마도 그들 중의 누구의 말도 이해하지 못할 것이고, 그 대신 아무도 말하지 않은 소리 하나를 듣게 될 것이다. 이것은 침묵의 목소리 같은 것일 수 있다.

      도쿄시에는 서로 관련이 없이 평행선으로 진행되는 발전들이 있다. 이들은 무서움과 분노와 기쁨이 동일시되는 감정을 만들어낸다. 도쿄를 회상하면 나는 평행으로 진행되는 다양한 리듬들, 그리고 들을 수 있거나 들을 수 없는 다양한 목소리들과 소리들을 듣게 된다. 펀칭 기계의 소음, 전자 제품 가게의 음악, 굽 있는 신발들의 발소리, 기차역에서의 안내 방송 소리, 두부 장수가 내는 종소리, 아이들 소리, 자동차 소음, 매미와 귀뚜라미의 노래, 우파 혹은 좌파 극단주의자들의 히스테릭한 연설, 개 짖는 소리.

      부모님 집에서 나온 다음에 나는 한 여자 친구와 같이 살았다. 그 애는 탱고 밴드에서 바이올린을 켰다. 내가 내 방에서 글을 쓰는 동안 그 애는 옆방에서 피아졸라의 작품들을 연습했다. 그 당시에 글을 쓸 때면 마치 바이올린의 떨림을 모방하듯 손가락을 많이 떨었다. 나는 오늘날까지 한 번도 탱고에 몰두해본 적이 없고 그래서 탱고가 뭐라고 정의를 내릴 수도 없고 탱고 춤도 못 춘다. 그러나 명랑한 슬픔과 불안하게 만드는 떨림 소리를 들으면 곧바로 정확히 이 시기를 기억해낸다. 태어난 도시를 떠난 시기. 나는 내가 곧 유럽으로 가고 아마도 꽤 오랜 시간 거기에 머물게 되리란 것을 알고 있었다.

당시 유럽으로 가는 길에 인도에서 한 달을 머물렀다. 나는 불안했고 때로는 외롭고 무서웠다. 사람들이 오래된 관계에서 벗어나면 새로운 공기가 너무나 빠르게 뇌로 흘러들어간다. 그래서 인도에서 나는 마치 잉여 산소를 내뱉으려는 듯 많이 웃었다. 그 시기에 아그라에서 병이 나 반쯤 의식을 잃고 일주일간 누워 있었다. 다시 기운을 차리고 처음으로 호텔 방을 벗어났을 때, 달이 지나치게 둥근 것같이 보여서 굉장히 많이 웃었다.

웃음은 불안과 그리 크게 다르지 않다. 불안이 피부 표면의 떨림이라면 웃음은 배 근육의 떨림이다. 학교 선생님은 늘 영혼은 배에 있다고 이야기했다. 내 입장에서는 영혼이—만약 내가 영혼을 갖고 있다면—머리카락 끝에 있어도 된다. 그러나 배는 몸의 북이라고 할 수 있기 때문에 중요한 장소다. 몇몇 일본 동화에서는 자기 배로 음악을 연주하는 오소리들이 등장한다. 사람들은 오소리들이 보름달이 뜨는 밤에 음악을 연주한다고들 한다. 만약 보름달 밤에 잠을 잘 수 없다면 문득 북소리 음악을 듣는 일도 일어나는 것이다.

번역가의 문
또는
첼란이 일본어를 읽는다

"훌륭한" 문학은 본래 번역이 불가능하다고 주장하는 사람들이 있다. 이 생각은 내가 독일어를 읽을 수 없었을 시절 위로가 되었다. 독일 문학들—특히 2차 세계대전 이후 쓰인 문학들—은 도무지 시작해볼 수가 없었기 때문이다. 나는 독일어를 배우고 원전을 읽으면 독일 문학에 대해 겪는 문제는 저절로 해결될 것이라 생각했다.

그런데 예외들이 있었으니 예를 들어 파울 첼란의 시들이다. 이 시들은 일본어 번역으로도 이미 나를 매혹시켰다. 때로 나는 그의 시들이 번역이 가능한 만큼 혹시 완성도가 좀 떨어지는 것이 아닌가 하는 생각이 들었다. 내가 말하는 "번역 가능성"이란 그 시들이 낯선 언어로 완벽히 모사될 수 있는지를 의미하는 것이 아니라, 번역본 또한 문학일 수 있는지를 의미한다. 게다가 나는 파울 첼란의 시들이 **번역이 가능하다**, 라고 말하는 것으로는 충분하지 않다고 느꼈다. 오히려 나는 그 시들이 **일본어를 들여다본다**, 라는 느낌을 받았다.

독일어 작품들을 원전으로 읽기 시작한 이후 나는 내가 받은 인상들이 착각이 아니라는 것을 알게 되었다. 확실히 언어들 사이에는 단어들이 모두 다 그 안으로 고꾸라지는 심연이 있음에 틀림없다. 나는 어떻게 파울 첼란의 시들이 독일어 바깥에 있는 낯선 세계에 도달할 수 있었는가, 라는 질문에 점점 더 강하게 사로잡히게 되었다.

이 질문에 대한 하나의 가능한 대답을 나중에 놀라운 방식으로 만나게 되었다. 어느 날 클라우스-뤼디거 뵈어만이 나에게 전화를 해서 자기가 부탁했던 복사본을 전해주어 고맙다고 말했다. 그 복사본은 파울 첼란의 시집 『문지방에서 문지방으로(Von Schwelle zu Schwelle)』의 일본어 번역본이었다. 그 시집의 번역가는—나도 그의 번역을 통해 파울 첼란을 알게 되었는데—이이요시 미쓰오다. 뵈어만이 문(門)이라는 부수가 이 번역에서 결정적인 역할을 하고 있다고 말했을 때, 파울 첼란의 "번역 가능성"을 바로 이 부수가 몸으로 보여주고 있구나, 라는 생각이 번갯불처럼 머리를 치고 지나갔다.

부수란 표의문자의 주요 구성 요소다. (표의문자는 알파벳처럼 소리가 아니라 전체 개념을 표현하는 글자다.) 예를 들어 "문(門)"이라는 글자처럼 부수 하나로만 이루어진 한자도 있지만, 대부분은 무엇이 더 추가된다. "문"을 부수로 가진 한자들은 모두 의미상 문과 관련을 맺는다. 물론 부수와 그 부수를 포함한 한자의 뜻이 너무나 동떨어져서 사전의 도움 없이는 그 연관 관계를 알 수 없는 경우도 있다. 게다가 사람들은 한자의 각 부분들이 어떤 의미를 가지는지를 깊이 생각하지 않고 한자 그 자체로 전체 의미를 파악하기도 한다. 그래서 나 혼자서는 파울 첼란의 번역을 읽으며 부수라는 개념에 대해 생각할 수 없었을 것이다. 오직 외부에서의 명확한 통찰만이 그것에 주목하게 만들 수 있었다.

도대체 어떻게 이 얇은 시집에서 결정적인 자리마다 "문"을 부수로 가진 한자가 등장할 수 있었을까? 그것은 우연이 아닌데, 문학에서는 우연이 있을 수 있지만 문학 읽기에서는 그럴 수 없기 때문이다. 작가의 의도에 대해 묻는 것은 도움이 되지 않는다. 첼란이 남몰래 일본어를 배워 일본어 번역에서 "문"이라는 부수가 핵심 글자가 되게끔 의도적으로 시를 짓는 일은 불가능하기 때문이다.

부수 "문"은 이미 제목 "문지방에서 문지방으로"에서도 두 번이나 등장한다. 문지방을 뜻하는 한자 "역(閾)"의 부수는 "문"이다. 이 경우에는 부수와 글자가 지닌 의미의 공통점을 알아보는 것이 어렵지 않다. 두 경우 모두 경계가 중요하기 때문이다. 이 제목은 여기에서 말하는 바가 월경이 아니라는 것을 보여준다. 어떤 특정한 경계를 넘어가는 것이 아니라 이 경계에서 저 경계로 이동하는 것이 관건이다.

책의 첫 번째 시에서도 부수 "문"을 가진 한자가 다시 등장한다.

그 글자는 "들을 문(聞)"이다. 「나는 말하는 것을 들었다(Ich hörte sagen)」라는 이 시는 다음과 같은 문장으로 시작한다.

나는 물속에
돌 하나와 원이 있다는 말을 들었다
그리고 물 위로 단어 하나가 있어,
그것이 돌 주위에 원을 놓는다.

Ich hörte sagen, es sei
im Wasser ein Stein und ein Kreis
und über dem Wasser ein Wort,
das den Kreis um den Stein legt.

한자 "문(聞)"에서 사람들은 문(門) 아래 서 있는 귀[耳] 하나를 본다. 이 글자를 따라가보면 듣는다는 것은 귀 하나가 문지방에 서 있다는 것을 의미한다. 다음 연에서 "나"는 경계에 서 있지 않고 경계를 넘어서는 다른 형상을 본다.

나는 내 포플러가 물가로 내려온 것을 보았다
나는 그 팔이 심연을 쥐는 것을 보았다
나는 그 뿌리가 하늘에게 밤을 간청하는 것을
보았다.

ich sah meine Pappel hinabgehn zum Wasser
ich sah, wie ihr Arm hinuntergriff in die Tiefe

ich sah ihr Wurzeln gegn Himmel um Nacht flehn.

물 아래의 세계는 문지방 너머에 있다.

시적 화자인 "나"는 낯선 물의 세계에 들어가는 "포플러"의 뒤를 서둘러 따라가지 않은 채 관찰자로 남아 있다.

> 나는 그것을 따라 서두르지 않고,
> 다만 네 눈의 형상과 고귀함을 지닌,
> 저 흙덩이 하나를 바닥에서 주웠다.
> 나는 네 목에 걸린 잠언들의 사슬을 풀어,
> 그 흙덩이가 놓인 탁자를 장식했다.

> *Ich eilte ihr nicht nach,*
> *ich las nur vom Boden auf jene Krume,*
> *die deines Auges Gestalt hat und Adel,*
> *ich nahm dir die Kette der Sprüche vom Hals,*
> *und säumte mit ihr den Tisch, wo die Krume nun lag.*

"나"는 물속으로 들어가지 않고 문지방에 남아 마술 놀이를 한다. 돌과 원은 흙과 사슬의 도움으로 따라 그려지고 그렇게 해서 물 아래에서 보여야 하는 이미지가 탁자 위에서 반복해 나타난다.

이 마술 놀이는 마치 번역의 과정처럼 작동한다. 번역가는 물 아래에 있는 이미지를 식탁 위에 다시 만든다. 이에 반해 포플러나무는 번역가가 아니다. 그 몸은 물속으로 사라진다.

물속의 낯선 세계를 죽은 자들의 세계와 같다고 할 수 있다면, 이 마술 놀이는 죽은 자들의 말을 글로 옮기는 것이다. 번역가는 죽은 자들의 말을 듣고 그것을 읽는다. (그는 그것을 곡식을 줍듯 바닥에서 줍고 그것을 다시 글자를 읽듯 읽는 것일까?) 그리고 탁자 위에 놓는다. 즉 쓴다. 이에 반해 포플러는 쓰지 않는다. 포플러는 죽어가는 사람처럼 물속으로 사라진다. **그리고 나의 포플러는 더는 보지 못했다.**

"일곱 장미 나중에(Sieben Rosen später)"라고 제목을 붙인, 이 책의 첫 번째 연작시에서 듣는 것은 일관되게 중요한 역할을 한다. 나에게 이 시들은 듣는다는 건 문지방과 분리해서 생각할 수 없다는 것을 상기시키는 것 같다. 내가 오직 일본어 안에서만 살 때는 그것을 알았다. 비록 의식은 하지 못했어도, "문(聞)"은 그 당시에 이 지식을 확실히 붙들고 있었다. 이에 속한다고 볼 수 있는 속담(절 문 앞에 사는 아이는 배우지 않아도 기도문을 낭송할 수 있다)도 존재한다. 절 안으로 들어가지 않고 문 옆에 서 있는 아이는 나에게 듣는 자를 상징한다. 그러나 내가 독일어로 자주 생각을 하기 시작한 이후로부터는 "듣는다(Hören)"는 주로 "소속한다(Zugehören)"와 관련을 맺게 되었고, 그래서 들을 때 문지방에 머무르지 않고 낯선 목소리를 서둘러 따라 하려는 욕구가 생겼다.

   집중적으로 읽으면 읽을수록 첼란의 시들이 일본어를 들여다본다는 인상은 더욱더 강해졌다. 시인은 훗날 원작에 던져질 번역의 시각을 느꼈음에 틀림없다. 이 시선을 인식한 첼란의 능력이 소위 말하는 언어학 지식으로는 설명될 수 없다는 것이 흥미롭다. 글을 쓸 때 구체적으로 사용된 언어의 바깥에 있는 하나 혹은 여럿의 낯선 사고 체계(이 경우에는 오늘날 무엇보다도 일본어에 살아남은 한자어의 체계)를 불러와 텍스트에서 보이게 하는 능력이라는 것이 존재함에 틀림없다.

   세 번째 시의 제목「빛나다(Leuchten)」역시 문을 부수로 하는 한자 "빛날 섬(閃)"을 가지고 있다. 여기에서는 문 아래 사람이 서 있다. 나는 이제까지 한 번도 문과 사람의 조합이 왜 빛난다는 뜻을 가진 한자를 만드는지 생각해본 적이 없다. 어쩌면 문 아래 (또는 문지방 위에) 서 있는 사람은 보이지 않는 세계로부터 오는 빛을 특별히 잘 받아들이는 능력이 있을 수 있다. (이 생각은 계속 읽어나가면서 확고해졌다.)

또한 나는 "빛나다"라는 뜻을 지닌 독일어 단어 "Leuchten[로이히텐]"이 이 한자와 아주 강하게 연관되어 있다는 것을 느꼈다. 그러니까, 크고 분명하게 발음하면 "나(Ich)"라는 단어가 "Leuchten"의 한가운데에 스치듯 등장하는 것이다.* "나"라는 단어는 이 시에 직접적으로 등장하지 않으며 "내게" "너" "우리에게"만 등장한다. 오직 이 "빛나다"라는 단어에서만 한 번 번쩍 등장한다. 아주 짧고 불완전한 형태로.

내가 시를 빛의 수신자라고 생각한다면 독일 시에서 "전형적인 독일적인 것"을 찾는 것은 의미 없는 일이다. 왜냐하면 시란 언제나 낯선 것을 받아들이고, 자기 자신은 절대로 받아들이지 않기 때문이다. 어쩌면 독일 흙으로 만들어진 독일 시들도 있을 것이다. 그렇지만 나에게는 시가 생겨날 땐 아직 만나지 못했던 낯선 언어나 생각과 소통하는 시들이 흥미롭다. 그래서 나는 이 낯선 사고 세계를 성좌라고 부른다. 이 성좌의 글자들은 모두 별처럼 원작에 빛을 던지기 때문이다. 시 「한 가닥(Strähne)」을 읽으면 시인의 입은 흙으로 만들 수 있지만 그의 말들은 그럴 수 없다는 것을 상상할 수 있다. 이 입은 별빛을 느끼고,

---

* Leuchten[로이히텐]을 발음하는 도중에 ich[이히]를 발음하게 된다.

익숙한 언어와 구분이 되는 단어들을 말한다.

>먼 곳들이 여기에 내려앉고,
>그리고 너,
>솜털같이 흩날리는 머리카락별,
>너는 여기에 눈처럼 내려와
>그리고 땅의 입을 건드린다.

>*Niedergehen hier die Fernen,*
>*und du,*
>*ein flockiger Haarstern,*
>*schneist hier herab*
>*und rührst an den erdigen Mund.*

여기에서 별에서 오는 빛은 아직 보이지 않는다. 번역가가 나중에 이 빛에 형식을 부여하고 나서야 드디어 빛이 보이는 것이다. 그렇지만 이러한 과정을 시간상으로 어떻게 이해할 수 있을까? 번역이 원전을 빛나게 하게 하려면, "시간"은 어떻게 나타나야 할까? 다섯 번째 시「도끼들과 유희하며(Mit Äxten spielend)」의 첫 행에는 "시간"이라는 단어가 나오는데 이 번역은 다시금 "문"을 부수로 가진 한자로 번역된다. "시간"은 때를 뜻하는 "시(時)"와 사이를 뜻하는 "간(間)"이 합쳐져 만든 말이다. 두 번째 글자인 "간(間)"에서는 문 아래 서 있는 "해[日]"가 보인다. 이 글자의 옛날 형태에서는 문 아래에 해가 아니라 달이 있었다. 달빛은 가볍게 열린 문의 틈을 통해 비친다. 그래서 사람들은 그때 사이 공간을 떠올린 것이다.

도끼들과 유희하며

밤의 일곱 시간, 깨어 있음의 일곱 해:
도끼들과 유희하며,
너는 세워진 시체들의 그림자 속에 누워 있다
- 오, 네가 쓰러뜨리지 않는 나무들이여! -,
머리맡에는 침묵의 화려함,
발치에는 허섭스레기 단어들이 놓여 있고,
너는 누워 도끼들과 놀고 있다 -
그리고 마침내 너는 그들처럼 반짝인다.

Mit Äxten spielend

Sieben Stunden der Nacht, sieben Jahre des Wachens:
mit Äxten spielend,

liegst du im Schatten aufgerichteter Leichen
– o Bäume, die du nicht fällst! –,
zu Häupten den Prunk des Verschwiegnen,
den Bettel der Worte zu Füßen,
liegst du und spielst mit den Äxten –
und endlich blinkst du wie sie.

여기에서 "너"는 도끼처럼 빛이 나는데, 아마도 원래는 자기의 빛이 없었으나 "마침내" 낯선 빛을 받아들여 빛이 나는 것일 터다. "너"는 한동안 번역의 빛을 기다리는 시일 수도 있다. 이 시는 "침묵의 화려함"과 "허섭스레기 단어들" 사이에 누워 있다. 그때 시는 하나의 사이 공간을 만든다. 문지방 위에 난 비슷한 공간은 「같이(Gemeinsam)」에도 나온다.

이제 밤과 시간이,
들고 나는 자들을,
문지방 위에서 부르기에,

Da nun die Nacht und die Stunde,
so auf den Schwellen nennt,
die eingehn und ausgehn,

원전과 번역의 만남은 텍스트가 생성될 때 일어나지 그 후가 아니다. 이 생성은 계속 진행되는 시간의 선 위에서의 한 시각 속에서 상상하지 말고, 문지방 위의 사이 공간 속에서 이해하면 된다. 사이 공간은 닫힌 방이 아니고 문 아래의 공간이다.

나는 첼란의 시를 의미가 소유물처럼 보관되는 집이 아니라 문처럼 관찰하기 시작했다. 그때 나에게 어떤 문장이 하나 떠올랐는데 게르숌 숄렘이 「종교적 권위와 신비주의」에서 쓴 문장이다. 이러한 신비적 해석이 정교해지면 정교해질수록 그렇게 변모한 텍스트가 자신의 문자적 의미 속에서도 지속적으로 인정받을 기회는 점점 더 많아진다. 이 문자적 의미는 신비주의자가 통과하는 문을 만들 뿐이지만 그는 이 문을 계속 언제고 열어둔다.

첼란의 단어들은 보관 용기가 아니고 열림인 것이다. 나는 그의 시를 읽을 때마다 문들의 열림을 통과한다. "열릴 개(開)"라는 글자도 나오는데, 시 「모래 한 알(Ein Körnchen Sands)」의 마지막 행이자 결정적인 행에서 등장한다.

그리고 나는 하나의 잎사귀로 너보다 앞서
떠다닌다,
그 잎사귀는 문들이 어디서 열리는지를 알고 있다.

und ich schweb dir voraus als ein Blatt,
das weiß, wo die Tore sich auftun.

단어 하나를 쓴다는 것은 문 하나를 연다는 것이다. 글자 읽기는 단어 읽기이지 문장이나 음향 읽기가 아니다. 첼란 시의 매혹적인 번역 가능성은 무엇보다도 그 단어성에 있다. 첼란은 계속 "단어"라는 말을 사용한다. 예를 들어 『문지방에서 문지방으로』의 첫 번째 시 「나는 말하는 것을 들었다」 중 "그리고 물 위로 단어 하나가 있어(*und über dem Wasser ein Wort*)"라는 시행에 등장한다. 시 「한 가닥」에도 이 단어가 나온다.

> 단어들과 옆에서 나란히 걸어가는 것은 하나의 단어이고,
> 침묵의 이미지에 따라 하나의 단어가 있고,
> 싱그러운 녹색과 슬픔에 둘러싸여서.

> *Dies ist ein Wort, das neben den Worten einherging,*
> *ein Wort nach dem Bilde des Schweigens,*
> *umbuscht von Singrün und Kummer.*

이 시에서 단어는 "언어"와 분명하게 구분된다. 언어는 시

인의 몸을 훼손하는 반면 단어는 침묵을 따라 만들어졌다.

> 나를 피했던 하나의 단어,
> 내 입술이 말하려다 피를 흘릴 때

> *ein Wort, das mich mied,*
> *als die Lippe mir blutete vor Sprache**

나는 첼란의 단어들을 문과 비교하고, 이때 벤야민이 번역의 단어성을 "아케이드"라고 불렀다는 것을 떠올린다. 진정한 번역은 관통해 비치는 것이며, 원전을 가리지 않고, 원본의 빛 속에 서 있지 않고, 그 자체의 매체에 의해 강화되어, 순수언어가 원전에 더 충만하게 떨어지게 한다. 이것은 무엇보다도 통사 구조의 번역에서 드러나는 단어성을 통해 가능하며, 이것은 바로 문장이 아니라 단어가 번역가의 원초적 요소임을 드러낸다. 문장은 원전 언어 앞에 놓인 장벽이고, 단어는 아케이드이기 때문이다. 아케이드는 — 어떻게 보면 — 뒤에 겹겹이 서 있는 수많은 문들로 이루어져 있다. 첼란의 단어가 모두 문을 만든다면 전체 시는 마치 하나의 아케이드처럼 보일 수 있다.

*「모래 한 알」에 나오는 구절.

나는 이제 연작시 「일곱 장미 나중에」의 마지막 문을 통과해 가려고 한다. "문"을 부수로 가진 일곱 번째 글자는 "어둠 암(闇)"인데 두 편의 시에서 등장한다. 바로 「어둠에서 어둠으로(Von Dunkel zu Dunkel)」와 「손님(Der Gast)」이다. 이 한자는 단어의 합성 차원에서 보면 특별히 수수께끼 같은 글자다. 문 아래에 소리를 나타내는 음(音)이 있는데 이것이 합쳐져 어둠을 뜻하기 때문이다. 나는 마치 이 글자의 생성 과정을 더 잘 이해할 수 있을 것처럼 첼란의 시 「어둠에서 어둠으로」를 읽었다.

어둠에서 어둠으로

너는 눈을 뜬다―나는 내 어둠이 살아 있음을 본다.
나는 그 바닥을 본다:
거기에도 나의 어둠이 있고

그런 것이 건네질까? 그리고 그때 깨어날까?
누군가의 빛이 내 발꿈치를 따라와,
사공이 나타난 걸까?

Von Dunkel zu Dunkel

Du schlugst die Augen auf – ich seh mein Dunkel leben.

Ich seh ihm auf den Grund:
auch da ists mein und lebt.

Setzt solches über? Und erwacht dabei?
Wes Licht folgt auf dem Fuß mir,
daß sich ein Ferge fand?

이 시를 읽은 후에 나는 수수께끼 같은 글자 "암(闇)"의 생성을 다음처럼 설명한다. 언어로 설명할 수 없는 것, 즉 "어둠"은 아마도 문 뒤에 존재할 것이다. 그러나 이것은 문을 통해 볼 수 없는데, 왜냐하면 어떤 소리가 (문 바로 아래에서) 방해를 하기 때문이다. 동시에 이 음이 없다면 더 이상 어둠에 직접 접근할 수 없을 것이라는 걱정이 있다. 소리는 문을 틀어막고 있지만, 동시에 문의 이쪽과 저쪽을 연결하는 매개체인 것이다. 그 소리를 들어야 한다. 그러면 소리는 보는 걸 방해하지 않는다.

시 「어둠에서 어둠으로」는 특별히 "그런 것이 건너갈까?"라는 질문으로 나를 초대해 이 시의 생성과 그 번역에 대해 더 깊게 생각할 수 있도록 이끌었다. 첫 연에서 아직 이 세상에 존재하지 않는 어떤 번역은 시인을 보게 되고(너는 눈을 뜬다), 시인은 자기 안에 있는 "어둠"을 느끼게 된다. 그럼으로써 시 짓기가 시작이 된다. 두 번째 연에서는 번역을 찾는 것이 이야기된다. 그런 것(어둠)이 도대체 저 건너편으로 건네질 수 (번역될 수) 있는지, 그리고 그때 그것이 깨어나는지 질문하고 있다. 무엇인가 번역을 통해 깨어날 수 있다는 것은 아름다운 상상이다. 번역가가 (사공이) 발견될 때까지, 작가는 정해진 방향도 없이 외롭고 불안하게 서 있다. **누군가의 빛이 내 발꿈치를 따라와, 사공이 나타난 걸까?**

이러한 글쓰기 작업 과정이 언제 시작되고 언제 끝났는지가 열린 채로 남아 있다는 것은 아름답다. 어쩌면 이 과정은 시가 마지막 연으로 옮겨질 때까지 계속될 것이다.

여하간 첼란이 한자 사전의 도움 없이 「일곱 장미 지나서」를 썼다는 것은 기적이다. 이것은 번역에서 사용된 부수 "문"을 가진 일곱 글자다. 關[문지방], 門[문], 聞[듣다], 開[열다], 間[사이], 闇[어둡다], 閃[빛나다]. 이것은 일곱 장미 혹은 일곱 시간에 해당한다. 이것은 계속 다시 암시되고 있는 마술 같은 숫자다. "일곱 장미"는 "일곱 장미 지나서"라는 표현에서 보듯 어떤 시공간을 표현한다. 시를 읽을 때 모든 장미는 마치 글자처럼 문처럼 아니면 사이 공간처럼 열린다.

부수 "문"은 이 번역에서 가시적으로 드러나는 요소이자, 번역이 왜 문학으로서 힘이 가지는지를 보여주는 글자다. 번역은 원전의 모사가 아니며 번역에서 원전의 의미는 새로운 몸을 얻게 된다. (이 경우에는 소리의 몸이 아니라 글자의 몸이다.) 발터 벤야민은 다음과 같이 쓰고 있다. 어떤 작품들에는 번역 가능성이 본질적으로 내재해 있다—이는 작품의 번역 자체가 그 작품에 본질적이라는 뜻이 아니라, 어떤 특정한 의미가 원본 속에 내포되어 있으며 그것이 번역 가능성 속에 드러난다는 것을 의미한다.

나무에 대해서

12월 말에 호찌민시(市)와 방콕을 방문했다. 시간이 충분치 않아 고향 도시인 도쿄는 들르지 않았다. 그게 섭섭하지는 않았다. 왜냐하면 내가 그리워하는 것은 도쿄보다 아시아의 다른 도시에서 더 많이 발견할 수 있기 때문이다. 그건 어쩌면 내가 없어서 그리워하는 것을 정확하게 잘 모르기 때문인지도 모른다. "없어서 그리워하다(vermissen)"라는 독일어 단어는 들어맞는 단어가 아니다. 나에게는 없는 것이 없기 때문이다. 함부르크는 내가 함부르크시에서 누리고자 하는 것을 다 가지고 있다. 그럼에도 나는 "고향 기분"이라고 부르는 감정 때문에 아시아 도시에 자주 간다. 고향 기분은 고향 상실이 아니다. 그 기분은 자기의 고향 도시를 새로운 기분으로 바라볼 때 느끼는 감정이다.

   이번 아시아 여행에서는 독일에 오래 체류하면서 의식에서 거의 사라져버린 어린 시절의 물건들을 다시 만났다. 그것은 수많은 작은 판타지 인형들과 전구들로 장식되어 있는 플라스틱 크리스마스트리다. 독일에서도 가끔 플라스틱 나무들이 보이기는 하지만 별로 인기가 없다. 사람들은 이것을 진짜 나무에 대한 대체품으로만 사용한다. 아시아의 플라스틱 나무는 꼭 플라스틱이어야 한다. 플라스틱을 마치 신인 양 숭배하기 위해서 이 플라스틱 나무를 세우는 것이다.

유럽에서는 플라스틱을 사용하는 일에 죄책감을 가지고 있다. 플라스틱은 신이 만들지 않았기 때문이다. 아시아에서 플라스틱은 타락이 아니다.

전구들도 아시아의 전나무에서는 다른 역할을 한다. 이것은 단순히 나무를 장식하기 위한 것이 아니다. 오히려 전기 자체가 신성한 것이다. 나무에 걸치는 전구 장식은 독일에도 있지만 마치 자신이 조연 역할만 해도 된다는 것을 알고 있는 것처럼 조심스럽게 존재한다. 그 중심에는 언제나 자연 전나무의 아름다움이 있어야 한다. 나무는 종종 진짜 사과와 붉은 초로 장식되기도 한다. 나는 장식된 전나무 앞에 서서 독일의 나무 숭배 미학에 감탄을 하곤 한다.

도쿄에서는 전나무가 대략 삼십 년 전에 유행했는데 그때 기독교도 같이 전파된 것은 아니었다. 이는 불교를 믿지 않으면서 부처상을 수집하는 유럽의 예술 애호가와 비교할 수 있다. 그들의 신은 "예술"이라고 하는 것이다.

독일에서 전나무가 오늘날만큼 그렇게 인기가 쭉 있었던 것은 아니다. 나는 19세기 초 베를린 크리스마스 시장에서 빛의 피라미드가 전나무보다 다섯 배나 더 많이 등장했다는 사실을 읽고 놀랐다. 빛의 피라미드, 여러 층으로 된 초를 올린 이 나무 구조물은 전나무보다—그렇게 말해도 된다면—자연에서 한 걸음 더 멀어진 것이다. 어쩌면 그땐 사람들에게 진짜 전나무보다 빛의 피라미드가 더 자연에 가깝다고 느껴졌을지도 모른다. 도대체 전나무가 빛의 피라미드에 대해 거둔 승리를 어떻게 이해해야 할까? 나무 숭배는 현대의 현상인가?

나는 누군가가 함부르크대학교 화장실 문에 낙서해놓은 두 문장을 기억한다. 대학 신입생이었던 그때는 눈에 들어온 문장들을 전부 꼼꼼하게 읽었다. 첫 번째 문장은 "신은 죽었다"였고 두 번째 문장은 "독일 숲이 죽어간다"였다. 첫 번째 주인은 죽었지만 두 번째는 아직 죽어가는 중이다. 나는 처음으로 이 역사의 순서를 인식하게 되었다. 기독교가 먼저 오고 그다음이 나무 숭배구나.

호찌민시에서는 절을 몇 군데 방문했고 거기에서 전기가 들어오는 부처상들을 보았다. 부처의 머리 뒤에 있는 판에서는 독일 기차역의 카페에 있는 자판기처럼 작은 불들이 반짝거리며 기하학적 무늬를 만들었다. 방콕에서는 국수 가게나 세탁소나 여행사 모두 자기만의 부처상이 있는데 그것들은 크리스마스 시장의 나무처럼 전구들로 장식되어 있었다. 흐르는 전기, 엄청나면서도 보이지 않는 전기, 에너지의 강. 이 도시의 주택들은 단 한 번의 전쟁으로 남김없이 파괴된 적이 있다. 그러나 전기의 흐름은 파괴할 수 없었다. 이것은 사라지지 않고 계속 다른 형태로 변한다.

플라스틱과 전기는 어린 시절에 각인된 대도시 이미지였다. 나에게 대도시의 몸체는 건물이나 도로로 만들어지지 않았다. 오히려 나는 인간들, 전기의 흐름, 그리고 플라스틱으로 만들어진 형체 없는 덩어리 속에서 살았다. 플라스틱은 피곤함을 모르는, 빠르고 끝없는 증식을 상징한다. 마치 독일의 부활절 토끼마냥 말이다. 플라스틱 인형을 보면 사람들은 같은 인형이 이미 수천 개가 존재한다는 것과 그 수가 더 많아지리라는 것을 안다.

호찌민시 거리 곳곳에서는 수없이 많은 작은 의자가 눈에 띄었다. 사람들은 이 의자에 앉아 달고 진한 커피를 마시고 있었다. 의자들은 빨간색, 초록색, 노란색 플라스틱으로 만들어져 있었다.

방콕에서는 어느 문방구에서 나란히 진열해놓은 전동 연필깎이들을 보았다. 내가 어렸을 때 학생들 사이에서는 이 물건을 갖는 게 유행이었다. 그러나 나는 연필 끝을 깎을 수 있을 뿐 아니라 그 안에 글자를 새겨 넣을 수 있는 내 주머니칼이 더 좋았다. 연필은 나에게 마법에 걸린 나무 조각이었다. 요즘 나는 연필뿐 아니라 플라스틱과 전기로 만들어진 컴퓨터로 쓴다. 컴퓨터는 내 밝은 회색빛 고양이와 같은 색깔이다.

독일에는 내 마음에 쏙 드는 특별한 관습이 하나 있다. 불운을 방지하기 위해 나무를 세 번 두드리는 습관이다. 모든 나무 조각은 우리 세계를 나무-신들과 연결해주는 문을 가지고 있다. 사람들은 문을 두드리며 나무-신들에게 보호를 빈다. 특히 컴퓨터 작업을 할 때 나무를 많이 두드린다. 예를 들어 "제발 텍스트를 다 지우지 마세요!"라고 말하는 것처럼 말이다. 왜냐하면 컴퓨터로 작업을 하다보면 피할 수도 없고 미리 알 수도 없는 자연 재난과 같은 불운을 만나게 되기 때문이다. 그때 우리를 도와줄 수 있는 것은 나무-신뿐이다. 컴퓨터가 나무 책상 위에 있다면 나무를 두드리면 된다. 그러면 금속으로 된 컴퓨터 책상을 쓰는 사무실 직원들은 어떻게 해야 할까? 그래서 나는 컴퓨터 자판에 나무 조각을 집어 넣는 것이 의미 있다고 생각한다. 그러면 불운이 다가오는 것이 느껴질 때마다 자판을 세 번 두드릴 수 있을 테니까.

해외의 혀들 그리고 번역

글자들의 음악

우편함에 프랑스에서 온 소포가 하나 있다. 소포를 여니 베로니크 바실리유의 시가 담겨 있다. 나는 프랑스어를 배운 적이 없기 때문에 내가 그 텍스트를 이해하지 못한다 해서 이상하진 않다. 그렇긴 해도 아무것도 이해하지 못한다는 것은 나로서도 좀 드문 일이었다. 텍스트에 등장하는 알파벳은 이미 전부 다 알고 있다. 예를 들어 나는 중국어도 못하지만 사람을 뜻하는 "人"이라는 글자를 보면 적어도 거기에 사람 하나가 서 있다는 것은 안다. 프랑스어 문장에서 사람은 어떻게 생겼을까?

나는 "d"라는 글자를 바로 알아보지만 그렇다고 해서 뭘 이해하는 건 아니다. 이 글자는 어떤 단어의 정확히 반을 이루지만 의미의 4분의 1도 알 수 없다. 내가 아는 글자에서 아무런 정보도 얻지 못하는 것이 가능한 일일까?

배우지 않은 언어는 투명한 벽이라 할 수 있다. 사람들은 멀리까지도 볼 수 있다. 왜냐하면 어떤 의미도 방해를 하지 않으니까. 모든 단어는 무한히 열려 있고 그것은 모든 것을 의미할 수 있다.

나는 "du"라는 단어를 본다. 이것이 독일어의 "du(너)"와 아무런 상관이 없다는 것은 믿기가 어렵다. 우리가 모르는 "du"는 모든 것을 다 의미할 수 있다. 곡식 주머니, 옷 입히는 인형, 비둘기, 문 등 어느 것이나 말이다.

내가 무엇을 상상하든 두 글자 "d"와 "u"는 그대로 남아 있다. 글자들은 어쩌면 자신이 어떤 나라에서 무슨 의미가 있는지에 아무런 관심이 없을지도 모른다. 독일에서는 이것을 의미하고 프랑스에서는 저것을 의미한다는 것 말이다. 그들은 여행자고 여행하는 도중에 어느 언어에서 숙박하는지에 따라 매번 다른 의미로 이해된다. 그러나 그들의 몸은 똑같은데 "d"는 튀어나온 손을 가진 반원이고 "u"는 속이 빈 통이다.

"du" 다음에는 "blanc"이라는 단어가 나온다. 낯이 익다. 이 단어는 문방구 쇼윈도에서 나를 매혹시킨 연필에 써 있지 않았던가? 이 말은 무엇을 의미할까? 상표란 금방 친숙해지고 그러면 의미에 대해서는 더 이상 생각하지 않게 된다.

단어 몇 개를 건너뛰자 낯익은 단어 하나를 발견한다. "bleu"다. 이 말은 생선 음식점의 메뉴에 나온다. 이제 알 것 같다. 말인즉슨 아무것도 모른다는 것이다. 그러자 나는 색깔의 카테고리로 간다. 이 언어의 낯섦이 너무 크지는 않다는 것이 얼마나 다행인지. 단어들은 상이하지만 카테고리는 같다. 파랑이라는 색깔이 촉감이고 하양이라는 색깔이 냄새로 이해되는 언어가 있다면 나는 무엇을 할 것인가? 틀림없이 그러면 나는 이 단어들의 명단을 만든 다음 두 눈을 감는 것 이외에는 할 일이 없을 것이다. 옛날에 나는 독일어 표현인 "이히 바이스"(ich weiß, 나는 안다)라는 말에서 언제나 "바이스(Weiß, 하얀색)"를 생각했다. "나는 안다"는 "나는, 종이처럼 하얗다"는 말로 다가왔다. 내가 뭔가를 알게 된다면, 이 나는 백지처럼 하얗게 변하는 것이다.

나는 프랑스어 텍스트를 다시 들여다본다. 거기에는 눈에 띄는 단어들이 여럿 더 있다. "horizontale"과 "immobiles"다. 나는 두 단어를 이해했다고 생각한다. 짧은 단어에서는 외적인 유사성이 별로 중요하지 않다. 그러나 긴 단어들이 서로 닮은 경우는 우연인 경우가 드물다. 즉 단어가 길면 길수록 그들 의미의 유사성은 더 외적으로 드러나게 된다.

사람들은 이해하지 못하는 언어를 만나면 외적으로 읽어낸다. 사람들은 언제나 외적 측면을 진지하게 다룬다. 프랑스 텍스트의 얼굴은 독일어의 얼굴보다 둥글게 보인다. 독일어에서 모든 행에 건축적 특성을 부여하는 대문자 명사의 각진 어깨들이 여기 프랑스 텍스트에서는 빠져 있다.*

갑자기 작은 글자들의 둥근 파도 가운데 대문자 B가 두 번 등장한다. 동시에 힘차게 일어서는 베이스 가수

* 독일에서는 명사의 머리글자가 대문자로 표기된다.

들처럼 말이다. 두 단어는 내 눈 안으로 튀어 오른다. 나는 확실히 이 단어들을 알고 있다. 바로 "바흐(Bach)"와 "버르토크(Bartók)"다. 고유명사의 직접성으로 음악이 나에게 도달한다. 음악은 번역이 될 수 없지만 이 순간 이 자리에 존재하고 있다.

내가 알기로 나는 곧 이 텍스트의 초벌 번역을 받게 될 것이다. 며칠 동안이지만 읽을 수 없는 원본과 같이 살았다는 것이 기쁘다. 그럼에도 의미를 전달해줄 다음 우편물을 기다린다. 초벌 번역은 가공되지 않은 원자재처럼 에너지를 생산해낼 것이다. 어쩌면 나는 대역 번역을 받을지도 모른다. 그러면 나는 언어의 선형성에서 자유로워질 것이다. 어느 날 내가 이 텍스트를 번역하게 되면, 나는 그 안에서 음악을 만나고 싶을 것이다. 음악은 바흐와 버르토크처럼 사실 이미 여기에 있지만, 번역 속에서 다시 한 번 만나야 한다. 커다란 우회로를 거쳐서, 사전의 도움을 받아, 그리고 대화와 꿈을 통해서. 이렇게 번역의 커다란 우회로를 거쳐, 나는 마법과 같은 시의 비가독성을 다시 만나고 싶어질 것이다.

가지

도쿄에서 문학을 공부하던 열아홉 살 여름, 나는 독일어를 배우러 주말 코스를 다니고 있었다. 이 코스는 도쿄에서 북쪽으로 이백 킬로미터 떨어진 시골의 옛 농가에서 열렸다. 같은 반에는 아는 사람이 하나도 없었는데, 쉬는 시간에 한 여대생이 말을 걸어왔다. 이름은 노리코였고 촉촉하고 열정이 담긴 눈을 가지고 있었다. 하인츠 슈미트라는 이름의 우리 선생님은 아우크스부르크 출신이었다. 저녁을 먹은 뒤에는 자유 시간이 있었다. 대부분의 학생들은 거실에 앉아서 카드놀이를 했다. 바깥에는 비가 오고 있었다. 노리코는 이제 막 산책을 갈 참이라고 했다. 나는 여행 가방에서 우산을 꺼내 들고 같이 나갔다. 바깥은 이미 깜깜해서 신발조차 보이지 않았고, 때로 진흙탕이나 웅덩이를 밟았다. 내 앞에는 노리코의 밝은색 우산이 흔들거리고 있었다. 나는 그걸 놓칠까 걱정이 되었다. 노리코는 겁이 없는 것 같았다. 곧 우리는 좁다란 나무다리에 다다랐다. 나는 건너가고 싶지 않았지만 노리코는 벌써 개울 저편으로 건너가버렸다. 혼자 어떻게 다시 농가를 찾아가지? 물은 발밑에서 졸졸거렸다. 노리코는 그냥 계속 걸어가면서 아무 말도 하지 않았다. 여우가 젊은 여자로 변신해 인간을 유혹하는 동화가 떠올랐다. 눈이 점차 어둠에 익숙해졌다. 옆으로 거무스름한 식물이 자란 밭이 보였다. 노리코는 "나슈!"라고 외쳤는데, 그것은 일본어로 "가지"라는 뜻이었다. 가지는 무거운 몸으로 막 불이 들어온 전구처럼 젖은 빛을 내며 빗속에 매달려 있었다. 노리코는 몸을 숙이고 가지를 따더니 통통한 부분을 베어 물었다. 안쪽에서 하얗고 마른 과육이 드러났다. 노리코는 빨간 입술을 한참 즐기며 움직이더니, "날것은 맛이 없네"라고 말했다. 노리코는 입을 안 댄 부분을 내게 내밀었다. 과일의 어두운색 겉껍질 위에 큰 물방울들이 모여 맺혀 있었고 나는 한입 베어 먹었다. 그런 뒤 우리는 어두운 밤을 지나 큰 농가로 돌아왔다. 비가 점점 세차게 와서 우산을 썼는데도 블라우스와 바지가 홀딱 젖어버렸다. 드디어 농가의 창문에서 깜박거리는 빛이 보였다. 문 앞에 하인츠 슈미트 선생님이 서 있었다. 그는 우리를 보더니 뭐라고 소리를 질렀다. 나는 무슨 말인지 알아듣지 못했지만 나슈라는 말을 듣고 놀랐다. 어떻게 선생님이 우리가 가지 하나를 서리해서 날로 먹은 줄을 알았지? 여자애 둘이서 비 오는 밤에 날 가지를 서로 나누어 먹은 것이 선생님과 무슨 상관 있지? 지금 생각해보면 그 선생님은 독일어 단어 "나스(naß)"*를 말했겠구나 싶다. 틀림없이 그는 이렇게 말했을 것이다. "바깥에 비가 오잖아. 얼른 들어와!"

* 젖다, 축축하다, 비가 내리다 등을 뜻하는 독일어.

심부름꾼

너 하이델베르크에 간단 말 들었어, 미카가 말했다.

응, 다음 달에 가, 가야코가 말했다.

하이델베르크(Heidelberg), 정말 이상한 이름이다. "델"은 일본어로 "나타나다"라는 뜻이니, 즉 하이델베르크는 상어가 나타나는 산이다.* 도대체 어떤 도시인가, 하고 미카 내면의 어린아이가 말한다.

그러나 하이피슈(Haifisch), 즉 상어는 "하이"를 표기할 때 "a"를 쓰지 "e"를 쓰지 않아, 그녀 내면의 어린아이는 철자를 수정했다.

고래가 포유류면 상어는 물고기인가, 첫 번째 어린아이가 물었다.

겉모습은 착각하기 쉽지, 속모습은 더 쉽고, 두 번째 어린아이가 대답했다.

가야코는 아주 기뻐하면서 계속 말했다. 나 하이델베르크에 가, 프랑크푸르트에도 가, 뮌헨에도 가, 정말 근사한 일주 여행이 될 거야.

뮌헨도 간다고?

응, 뮌헨도 가.

미카는 침을 삼키고 입술을 지그시 눌렀다.

네가 독일어를 못해서 아쉽네.

---

* 독일어로 하이(Hai)는 상어를, 베르크(Berg)는 산을 뜻한다.

왜 내가 독일어를 하기를 바라는데?

그러면 네가 옛날 내 음악 교수님이었던 쉰덴 교수님께 뭘 좀 전해줄 수 있을 테니까. 너도 알다시피 나는 오래전에 뮌헨에서 악보와 곡을 공부했잖아. 어느 날 갑자기 도시를 떠나 교토로 돌아오기 전까지. 나는 아무에게도 공부를 그만두고 떠나온 이유를 말하지 않았어. 쉰덴 교수님은 굉장히 노하셔서 나에게 편지를 보내 해명을 하라고 하셨어. 교수님이 나에게 그것을 물을 의무는 없었어. 그렇지만 그렇기 때문에 나는 교수님 편지에 대답해야 할 의무를 더 강하게 느꼈지.

너는 뭐라고 대답했는데?

교수님 편지는 작은 레몬나무 화분 옆의 창가에 있었어. 나무는 말라버렸고 그 자리에는 약혼자가 가져온 장미 화병이 놓였어. 먼저 핀 장미들이 시들면 새로운 장미들이 피었지. 편지는 내내 그 화병 옆에 있었어.

편지는 여러 번 읽어보았니?

아니, 딱 한 번.

편지는 어떻게 했는데?

난 결혼하러 곧 오사카로 떠났어. 편지는 가져갔지. 다른 편지들이랑 박스에 넣어서.

너 정말 교수님께 답신을 한 번도 안 보냈니?

그다음 내가 아이를 낳았거든.

심부름꾼

그렇지만 아이는 곧 유치원에 갔잖아. 너는 한가한 시간에 편지할 생각이 난 적이 없었어?

있었지. 그렇지만 아직도 무슨 답을 드려야 할지 잘 모르겠어. 나는 만년필 잡는 걸 별로 좋아하지 않아. 만년필은 내 생각을 빼앗고 돌려주지 않거든. 어쩌면 교수님을 우연히 만났다면 뭔가 이야기를 할 수 있었을지도 몰라. 하지만 우리가 어떻게 만나겠니? 그 이후로 난 이 나라를 떠난 적이 없는데. 혹시 네가 내 심부름꾼이 되어 내 문장들을 옮겨줄 수 있니?

그래, 그건 할 수 있어. 말해봐. 왜 그 나라를 떠났니? 무슨 일이 있었어? 사랑에 빠져 상황이 안 좋아졌니? 아니면 더 이상 도저히 봐줄 수 없는 사람이 있었니? 아니면 고전음악의 정신이 네 마음을 떠났니?

너에게도 내 속마음을 털어놓을 수는 없어. 아직은 아니야. 시간은 나의 끔찍한 감정을 다른 것으로 바꾸어놓지 못했어.

네가 그 이야기를 하면 누군가가 해를 입니? 만약에 그 이야기가 밝혀지면, 누군가가 자기 경력의 에스컬레이터를 포기해야 하니?

훨씬 더 안 좋아.

그러면 쉰덴 교수님께 편지를 한 통 쓰지 그래. 그러면 내가 너의 편지 사신이 되어줄게.

아니, 그건 안 돼. 그 교수님은 연세가 너무 많고 이제 앞을 볼 수 없어. 부인이 편지를 읽어줘. 그리고 그건 절대로 안 될 일이지.

그러면 전화를 하면 어떠니. 가야코가 제안하며 탁자의 전화기를 가리켰다.

안 돼, 무슨 소용이 있다고. 교수님은 전화를 받으러 가지도 않고 사람들이 하는 말을 듣지도 못해. 그분은 악보를 볼 때만 음을 듣는 사람이야.

그러면 사람의 목소리는 교수님 고막에 닿지 않는다는 거야?

그분이 원하면 들을 수 있지. 그러니 그분 귀에 바싹 대고 직접 말을 해야 돼. 리드미컬하고 똑똑하고 천천히. 그건 같이 공부했던 음악가가 아주 자세히 알아. 그는 뮌헨에 남아 방송국에서 일해. 그 사람과 나는 아직 가끔 통화하고.

그 사람은 교수님과 연락하니?

응.

너는 그 이후로 한 번도 교수님과 이야기를 한 적이 없고?

응, 없어. 너 뮌헨에 가서 교수님 귀에 대고 내 말을 전해줄래?

그러면 부인은? 그 부인은 내가 교수님 귀에 대

고 속삭이는 것을 보면 무슨 생각을 할까?

그 부인은 커피를 끓이러 잠깐 부엌에 갈 거야. 오래된 이탈리아제 에스프레소 기계 이야기를 들은 적이 있다고 말해. 부인은 그 물건을 자랑스럽게 생각하거든. 그 오래된 기계로 커피를 끓이려면 시간이 꽤 걸릴 거야. 네가 교수님과 거실에 둘만 있게 되거든 그분 귓구멍에 대고 말을 해줘.

내가 그분 귀에 깊숙이 대고 말하라고?

응, 깊숙이. 아마 오른쪽 귀가 좋을 거야. 귓구멍은 털도 많이 나 있고 어두울 거야. 그러나 겁내지 말고 용감하게 거기에다 대고 말해!

그렇게 할게. 그렇지만 나는 일본어밖에 못해, 내 어머니의 말밖에. 나는 어머니를 바꾼 적이 없어.

너 내가 지금 말해주는 독일어 문장을 외울 수 있겠니. 내가 새가 자식들 먹이를 주듯 문장들을 덩어리로 잘게 잘라서 먹을 수 있게 반쯤 씹어서 줄게.

문장들이 내게 아무것도 의미하지 않으면, 어떻게 내가 문장들을 기억하지? 의미 없는 소리가 계속되면 나에게는 숲속의 쉬쉬 소리나 찌찌 소리로밖에 안 들릴 텐데.

내가 말하고 싶은 것을 글로 써줄까?

발음기호는 겸손해 보이지. 너무나 겸손하기 때문에 기호는 금방 잊혀.

그럼 한자로 써 줄까? 너는 이야기도 아닌데 한자만 죽 나열되어 있어도 기억할 수 있겠니?

내 생각에는 그게 더 나을 것 같아.

그러면 문장들을 한자로 써줄게.

그런데 독일어를 어떻게 한자로 써?

내가 "蓮"를 쓸 테니 발음해봐.

하스.

그래 "하스"는 독일어로 혐오한다는 뜻이지만 너는 알 필요는 없어. 너는 그 "연꽃"을 뜻하는 그 한자만 기억하면 되고 일본어로 발음하면 돼. 그러면 너는 혀로 연꽃을 느낄 거야, 듣는 사람의 귀에는 "하스"가 들어가고.

한자 외우기는 자신 있어.

이번에는 한자로 두 글자인 "少年"을 써줄게. 발음해봐.

쇼넨.

그래. "쇼넨"은 어떤 사람이나 물건을 조심스럽게 살살 다룬다는 뜻이야. 그것도 알 필요는 없고. 너는 그냥 "소년"이라는 뜻을 가진 한자 두 자만 기억해.

그래, 소년은 안 잊어먹지. 나 남자애들 좋아하거든. 길거리에서 남자애를 보면 바로 꼭 껴안고 애무해주고 싶어. 하지만 소년들은 살살 다루어야지.

미카의 전달문은 다음과 같이 읽는다.

아인 파덴 데어 슐랑에 노이 베페스틱테 퀴스테 벨헤 슐레 벨헤 리히퉁 데어 브룬넨 데스 야레스 부르데 츠바이말 게말트 다스 빌트 브레헨 운트 힌운터슈타이겐 두르히 다시 라이스펠트 지스트 두 에트바스 비 아이네 바이스하이츠-부르첼 임 게지히트 아인 체르코흐테스 바이슈필 아이네 엔트췬데테 위버말룽 라우 진트 디 랜더 디히퉁 데어 인디치엔 진트 페르데슐레히트

베겐 데어 슈타트 칸 이히 게헨 게제츠릴헤 링에 코헨 움존스트 트레플리헤 크랑크하이트 암 운터라이프 데어 하이마트 아이네 타벨레 간츠 암 엔데 디제스 레벤스 아우프 템 뤼켄 베테트 아인 바서포겔 에어 뎅크트 니히트 안 자이넨 프로피트

빌트프리슈 진트 디 크룸멘 타일레 데어 플뤼세 운트 게비르게 에키게 페르눈프트 데스 코르모란스 체르브리히트 임 츠바이텐 골트 쉬크잘 데어 파이췌 폰 운텐 데어 포토아파라트 디 한트 게빈트 덴 풍크트 디 안게슈텔텐 바이터트라겐트 이그노리어렌 운트 코헨 아인 바이슈필 퓌어 아이넨 바렌 베트캄프

부르첼누델 아우스 블루트 데어 플란 릭트 운터 덴 홀츠잔달렌 지히 힌제첸 운트 페르니히텐 다멘 페어리렌 덴 디너 바임 레치티어렌 두르히팔 데어 가이스터오르테 다스 레겐베터 위버말렌*

* 미카가 가야코에게 써서 건네준 독일어 원문은 다음과 같으며, 해석이 가능한 완전한 문장들이 아니다. 작가는 본문의 독일어를 소리 내어 읽으며 그 소리 속에 있는 일본어를 추측하도록 이끌고 있다.

ein faden der schlange neu befestigte küste welche schule welche richtung der brunnen des jahres wurde zweimal gemalt das bild brechen und hinuntersteigen durch das reisfeld siehst du etwas wie eine weisheits-wurzel im gesicht ein zerkochtes beispiel eine entzündete übermalung rau sind die ränder dichtung der indizien sind pferdeschlecht

wegen der Stadt kann ich gehen gesetzliche ringe kochen umsonst treffliche krankheit am unterleib der heimat eine tabelle ganz am ende dieses lebens auf dem rücken betet ein wasservogel er denkt nicht an seinen profit

bildfrisch sind die krummen teile der flüsse und gebirge eckige vernunft des kormorans zerbricht im zweiten gold schicksal der peitsche von unten der fotoapparat die hand gewinnt den punkt die angestellten weitertragend ignorieren und kochen ein beispiel für einen wahren wettkampf

wurzelnudel aus blut der plan liegt unter den holzsandalen sich hinsetzen und vernichten damen verlieren den diener beim rezitieren durchfall der geisterorte das regenwetter übermalen

심부름꾼

빈 병

도쿄의 주택 단지에 있던 우리 집 번지는 2-6-2-0-3이었다. 이 단지에는 내 또래의 여학생들이 많았다. 내 눈에는 이 소녀들 중 한 명이 좀 특별해 보였는데, 그 애가 자기를 남자아이들처럼 "보쿠"라고 불렀기 때문이다. 우리는 같은 초등학교를 다녔다. 내 나이의 소녀들은 대부분 자기를 "아타시"라고 불렀고 조금 더 성숙한 애들은 "와타시"라고 불렀다. 상류층 출신의 아이 하나는 자기를 "아타쿠시"라고 불렀는데, 이 말에서는 측백나무 향기가 났다. 대부분의 남자아이들은 자기를 "보쿠"라고 불렀고, 몇몇 건방지고 뻐기는 아이들은 "오레"라고 불렀다. 물론 그 나이에 벌써 "와타시"나 "와타쿠시"라는 말을 썼던 남자아이는 없었다. 남자아이가 그 말을 쓰는 건 이상하게 여겨졌을 테고, 그 말을 쓰려면 그 애들은 나이가 좀 더 들어야 했다.

"나"를 의미하는 이 모든 말이 내가 쓰기에는 문제가 있었다. 나는 나를 소녀나 소년 그중 어느 하나라고 느끼지 못했기 때문이다. 어른들은 성 중립적인 "와타시"로 도피할 수 있었지만 그때까지는 소년이나 소녀 중 하나를 골라야 했다. 만약 내가—예를 들어 독일어 같은—다른 언어를 말했다면 내 유년 시절은 얼마나 간단했을까. 나는 아주 간단하게 그냥 "이히(ich)"*라고 말할 수 있었을

---

* "나"를 뜻하는 독일어.

것이다. "이히"라는 말을 사용할 때는 자신이 남자인지 여자인지 느낄 필요가 없었다.

어릴 때 나는 일본어로 "나"라는 말을 사용하는 것을 꺼렸다. 내가 만약 어떤 소망이 내 소망이라는 것을 강조하고 싶으면 "이편"이란 말을 썼다. "이편은요, 우리가 내일 동물원에 가면 좋겠어요. 언니에게 그 시간이 다른 때보다 훨씬 좋은 것은 아니지만 갈 수는 있다네요. 자, 그러니 우리 내일 동물원에 가요." 나는 강가에 있는 것 같은 느낌으로 대화 상대자를 강의 건너편에서 보았다. 우리 사이에는 강이 놓여 있었다. 강은 깊었고 잔잔하지 않았지만 사람들이 원하면 건너갈 수 있었다.

그에 반해 독일어로 "나(ich)"와 "너(du)" 사이의 공간은 계속 추상적인 공간으로 남아 건너갈 수가 없었다.

"보쿠"라는 말을 쓰는 여자애는 정말 부러워할 만한 재주가 있었고, 그래서 다른 애들에게 존경을 받았다. 그 애는 자기 혀로 숟가락 모양을 만들 수 있었고, 이층 발코니에서 뛰어내릴 수도 있었고, 색깔이 요란한 독벌레와 거미를 맨손으로 집을 수 있었고, 풀피리도 불 수 있었고, 피아노도 연주할 수 있었다. 어느 날 나는 그 아이에게 자기를 왜 "보쿠"라고 말하는지 직접 물어보았다. 여자애는 간단하게 대답했다. "내가 보쿠라는 기분이 드니까. 솔직히 말하면 나 자신이 여자애란 기분이 들 때가 아주 드물어. 아예 없는 건 아니지만."

일기예보에서는 체감 온도라는 말을 사용한다. 바람이 얼마나 강한지, 공기 중에 습도는 얼마나 되는지에 따라서 사람들은 똑같은 온도가 더 높다고 혹은 더 낮다고 느낀다. 이와 똑같이 체감 성별이라는 것도 있다. 태평양에서 바람이 부는 날에 나는 나를 보통 때보다 훨씬 더 남자처럼 느끼고, 습기가 찬 8월에는 의문의 여지 없이 여자애라고 느낀다.

"너는 그럼 과일 아이스크림은 절대로 안 먹니?" 그 여자애에게 물어보았다. " 안 먹긴, 먹지." 아이는 대답하더니 얼굴을 조금 찡그렸다. "그러면 너는 여자애 맞네, 뭐." 과일 조각이 담긴 화려한 컵 아이스크림은 그 당시에는 오로지 여자애들이나 여자들만의 것으로 여겨졌다. 소년이나 남자는 그런 걸 몰래 먹었고 이를 창피스러워해야 했다.

스스로를 "보쿠"라고 칭하던 그 여자애는 소년들이 신는 신발을 신었고, 연필에도 남자 만화 캐릭터들이 그려져 있었다. 학교 책가방은 다른 여자애들처럼 빨간색이었지만 우산은 파란색이었고 로봇 그림도 있었다. 로봇은 남자애들 것이었다. "너는 그럼 집에서 남자용 젓가락을 쓰니? 여자용 젓가락을 쓰니?" 그 여자애에게 물어보았다. 그 애는 어깨를 으쓱하더니 나에게 오바Q 그림이 있는 젓가락을 쓴다고 슬쩍 말해주었다. "오바Q"라는 만화 인물은—요즘의 〈포켓몬〉처럼—남자애나 여자애 모두를 위한 캐릭터였다.

"보쿠"라고 자기를 부르던 그 여자애와 달리 나는 나를 "보쿠"라고 느낄 수가 없었다. 남자애들은 나에게 낯설었고 나는 여자애들과만 놀았다. 그렇다고 내가 나를 딱히 여자애라고 느낀 것은 아니었다.

나중에 대학교에서 공부할 때, 한 남자 친구는 자기는 동성애 성향이 없지만 원래 "보쿠"라는 말만 쓰기 때문에 "오레"라는 말을 쓰는 사람과 사랑에 빠질 수도 있다고 말했다. 자기에게 "오레"라는 말을 쓰는 사람들은 자기가 갖지 못한, 그래서 자기를 매혹시키는 특성이 있는 것처럼 보인다는 것이다. 그는 이것이 어떤 특성인지는 설명하지 못했다. 이 사회에서 "보쿠"라는 말은 "오레"와 다른 위상을 갖고 있고, "그래서 그 사람들의 행동이 다르다"는 것이다. 그가 이 말을 해주었을 때 나는 "오레"-남자들이 "보쿠"-남자들과 신체적으로 다르게 보인다는 것을 깨달았다. 나는 성인들에게는 "오레" "보쿠" "아타시" "와타시" 등 적어도 네 개의 성이 있다고 말했다.

자기를 "보쿠"라고 부른 소녀와는 어느 순간 소식이 끊겼다. 자기를 무엇이라고 부르는지의 문제도 내 머릿속에서 사라졌다. 나는 유럽에 와서 그런 복잡한 생각을 할 필요가 없는 "이히"라는 말을 발견했다. "이히"는 성별을 따지지 않고, 나이도 계급도 역사도 태도도 성격도 따질 필요가 없다. 모든 사람은 자신을 그냥 "이히"라고 부르면 된다. 이 단어는 내가 하는 말로 이루어져 있고, 더 정확하게 말하자면 말을 한다는 사실 자체에서 나온다. 이 말은 오로지 화자만 가리킬 뿐, 화자에 대한 아무 정보도 더 붙어 있지 않다. "이히"는 내가 사랑하는 단어가 되었다. 이 말처럼 바로 그렇게 가볍고 또 그렇게 빈 느낌을 가지고 싶었다. 내가 어떤 성에 속하는지를 결정할 필요 없이 내 목소리를 통해서 공중에 음의 떨림을 일으키며 말하고 싶었다.

게다가 정말 마음에 든 것은 "이히"라는 말이 "I"로 시작한다는 것이다. "I"는 단순한 한 획짜리 글씨, 마치 종이를 건드리면서 동시에 어떤 말이 시작되는 것을 알리는 붓글씨의 시작과 같았다. 또 "이다"를 뜻하는 "빈(bin)"도 멋진 말이다. 일본 말에도 "빈"이라는 단어가 있는데 이 말은 발음은 같지만 뜻은 "병"이다. 내가 이 두 단어로 "이히 빈"*이라고 이야기를 시작하면, 어떤 공간이 열린다. "나"는 붓글씨의 첫 획이며, 병은 비어 있다.

---

* "Ich bin"은 영어의 "I am"에 해당한다.

이격자(耳擊者)*

---

* Ohrenzeuge. 눈으로 본 사람을 뜻하는 "목격자(Augenzeuge, 目擊者)"와 대비되는 단어로, 귀로 듣는 사람을 뜻한다.

엘리베이터를 떠나면서 시계를 보았다. 15시였다. 308호 컴퓨터실의 문은 반쯤 열려 있었다. 나는 진화가 모니터 앞에 앉아 있는 것을 보았다. 복도의 왼쪽에는 홀수 번호 방들이, 오른쪽에는 짝수 번호 방들이 줄지어 있었다.

317호실에서 흥분한 목소리들의 혼합 조직이 흘러나왔다. 네 쌍이 그 방에 있었다. 각 쌍은 텍스트를 쓴 사람과 이를 비평하는 사람으로 이루어져 있었다. 마치 글을 쓰는 작업이 첫 번째 사람을 말 못 하는 사람으로 만들어버린 것처럼, 대체로 두 번째 사람이 열을 내 말하는 편이었다. 목소리 중 한 명은 집요하고 가르치는 듯한 어조였고 소리가 점점 커졌다. 이 목소리는 내 방까지 쫓아왔고 나를 놔주지 않았다. 왜 이 목소리는 꼭 설교하는 것 같은 어조로 이야기할까? 글을 쓰는 것이 죄인가? 나는 귀를 쫑긋 세워 내용을 좀 들으려 했다. 순간 뒤에서 완전히 다른, 독일어로 말하는 목소리를 들었다. 내 지각기관에서 영어 설교자는 바로 사라졌다. "다쳤어요?" 그것은 모니카의 목소리였고, 추정컨대 그녀의 방인 326호실에서 들려왔다. "다쳤느냐고요? 무슨 뜻인지 모르겠어요." 미국 학생의 목소리가 말했다. "다쳤어요?" 모니카가 같은 말을 반복했다. 그녀의 목소리에는 희망의 빛이 희미하게 어려 있었고, 학생은 어쩌면 이 독일어 단어를 기억할 수도 있을 것이다.

독일어 "다치다"가 갑자기 내 피부에 쓰인 말인 양 친숙하게 느껴졌다. 미국에 있으면서 나는 종종 독일어가 육체적으로 가깝다고 느꼈다.

모니카의 학생은 "다쳤다"라는 단어를 기억해내지 못했다. 그녀는 작은 목소리로 이 문장을 영어로 다시 말해주었다. 어렸을 때 나는 머리카락 속에 살면서 중요한 단어를 귀에 속삭여주는, 보이지 않는 요정이 있다고 믿었다. "아, 다쳤다, 생각났어요! 예, 저는 다쳤어요! 자전거 사고가 났거든요!"라고 학생이 기뻐서 소리쳤다.

갑자기 복도 뒤에서 일본어 문장이 가깝게 다가왔다. 여자 하나와 남자 하나의 목소리들이 이야기하고 있었는데 틀림없이 에미와 시게루일 것이다. 나는 복도에서 무슨 일이 있는지를 알아보기 위해 두 눈으로 볼 필요가 없었다. 나의 사무실 문은 한 뼘쯤 열려 있었고, 모든 음성과 음향이 방으로 흘러들어왔다. 문을 꽉 닫아놓아도 뭔가 들을 수 있었다. 공간은 모두 바깥 세계의 소리를 엿들었다. 복도는 번호를 매긴 청각기관의 줄 선 열과 같았다. 내 청각기관은 320호였다.

에미와 시게루는 어떤 행사 이야기를 하고 있었다. 대화의 내용은 금방 이해되었지만, 이상하게도 나의 모국어는 나와 거리를 두고 있었다. 문장들은 나를 스쳐 지나갔고 내용만을 남겨놓았다. 그 외에는 아무것도 남지 않았다.

케임브리지에서는 종종 일본어가 들린다. 외국어문학과뿐만 아니라 하버드 광장에서 MIT로 가는 버스에서도, 포그 미술관에서도, 케임브리지 성인 교육 센터에서도, 보스턴 은행 창구에서도, 그리고 작은 신발 가게나 카페에서까지 일본어는 당연하다는 듯이 이 도시의 소리 양탄자에 섞여 있었다. 그러나 일본어는 나에게 아무런 향수도 불러일으키지 않았고, 다만 이 언어가 여기에서는 일상에 속한다는 일종의 위안 같은 것을 주었다. 독일에서는 항상 일본어가 이국적인 언어인 양 굴어야 한다.

아마도 에미와 시게루는 내 방 정확히 맞은편, 321호 시게루의 방 앞에 서 있을 것이다. 뒤쪽에서는 독일어를 말하는 학생 목소리가 들렸다. 이 목소리는 나의 청각에서 일본어 음성을 지우고 자기만의 소리로 채웠다. 학생이 물어보았다. "슈누키*가 무슨 뜻이에요?" 모니카가 웃더니 사무실 의자로 삑삑 소리를 냈다. 학생은 모니카가 딸과 전화로 통화하고 있을 때 이 단어를 옆에서 주워들었을 것이다. 나는 "슈누키"라는 단어를 곧장 "동물들과 관련된 기분 좋은 행동"의 단어 그룹에 분류해놓았다. 으르렁대다, 쩝쩝거리다, 부드럽게 기대다, 미역 감다, 아양 떨

---

* Schnucki. 자기, 귀염둥이라는 뜻의 독일어 애칭.

이격자

다, 코 골다, 자다 같은 많은 다른 단어들도 이 그룹에 속했다. "글을 쓰다"라는 독일어 단어도 발음이 비슷해서 여기에 속해야 했다.* 불행히도 오래된 컴퓨터 자판을 치는 소리는 부드러운 "슈(Sch)" 음을 만들어내지 못하고 센 "카(K)" 음을 냈다. 달그락거리다, 덜컹거리다, 부르릉거리다, 소리치다, 덜거덕거리다 등처럼.★

전화가 울렸다. 베른트였다. 그는 다트머스대학교에서 열리는 모임 때문에 전화를 걸었다. 자기도 그 모임에 가는데 차로 나를 데리고 갈 수 있다고, 그곳은 틀림없이 아름다울 것이라 말했다. 나는 그 차를 같이 타고 가기로 했다. "다트머스(Dartmouth)"라는 비밀스러운 단어가 마음에 들었다. 마치 수중 괴물의 이름처럼 들렸다. 첫 음절의 모음(a)은 어둠 속의 축축한 동굴을 연다. 두 번째 모음(ou)에서는 그 동굴이 실제로 수중 괴물의 입이라는 것이 분명해진다. 나는 비밀스러운 물가로 가는 것이 기뻤다. 베른트는 작별 인사를 하고 전화기 속으로 사라졌다. 우리 사무실 사이의 거리는 말로 설명할 수가 없는데, 내 사무실은 원래 그의 사무실로 내가 미국에 체류하는 동안 같이 쓰고 있기 때문이다.

---

* 위의 독일어 단어들은 모두 "Sch"로 시작한다.
★ 이 독일어 단어들은 모두 "K"로 시작한다.

사무실 전화기의 수화기가 유난히 무겁게 느껴졌다. 무거우니까 뭔가 원시적인 느낌이 났다. 아마도 대학은 오랫동안 이런 방식으로 직원들이 전화하는 것을 막아왔을 것이다. 나는 요제프 보이스의 작품 〈흙 전화〉가 떠올랐다. 그것은 마른 잔디가 섞인 진흙 덩어리로 바로 옆에는 1950년대 쓰던 까만 전화기가 있었다. 요즘 전화기들은 모두 한 손에 쏙 들어오고 깃털처럼 가볍다. 왜 이제는 전화한다는 것이 더 이상 흙과 연결되지 않아야 하나?

어렸을 때 나는 조개를 귀에 대고 바닷소리를 들었다. 그것이 나의 첫 번째 국제전화였다. 언젠가는 눈처럼 하얀 목련꽃이 꼭 조개처럼 보여서 꽃을 귀에 대고 꼭꼭 눌러보기도 했다. 고대 일본인들은 이 나무에 귀신들이 내려앉았다고 믿었다. 귀신들은—연구소와 달리—나무에 번호가 매겨져 있지 않아도 정확히 착륙할 수 있었다. 한 달 전에 모니카는 나를 비컨힐 지역의 수많은 목련나무가 있는 곳으로 데려갔다. 꽃들은 마치 나무의 귀처럼 피어 하늘에서 떨어지는 소리 없는 단어들을 받았다. 4월 10일이었는데 냉기가 뼛속에 스며들었다. 저녁의 고요함 속에 청각기관들이 반짝반짝 떠다니고 있었다. 몇몇은 살짝 붉어져 있었고 다른 것은 훗날 하늘에 나타나게 될 별들을 미리 받아들이고 있었다.

나는 쿠르트에게 전화를 하려고 했다. 그의 사무

실은 224호로 한 층 아래였다. 다른 층은 다른 세계를 의미했다. 사람들은 다른 사람들을 만나러 위아래로 뛰어가는 것이 아니라 전화를 했다. 나는 디지털 녹음기와 새 컴퓨터 주문 때문에 쿠르트에게 뭘 좀 물어보려고 했다. 기계를 많이 쓰면 쓸수록 나는 사람들의 도움이 더 많이 필요했다. 기술은 나 같은 사람들을 무력하게 만든다. 바로 거기에 기술의 인간성이 있었다. 즉 기술적인 문제가 사람들을 연결시키고 이 입 저 입으로 계속 이야기되는 새로운 이야기를 만들어낸다.

언젠가 쿠르트는 자기의 맞춤법 프로그램이 "데리다(Derrida)"를 오타로 표시하고 "드라이라트(Dreirad, 세발자전거)"를 대안으로 제시했다고 이야기를 한 적이 있다.

쿠르트는 사무실에 없었다. 나는 그의 자동 응답기에 대고 이야기를 했다. 기술의 발전은 인간의 목소리를 인간의 몸으로부터 점차 독립되게 만든다. 사람들은 목소리를 남기거나 복사하거나 옮기거나 복제하거나 분위기를 덧입히거나 변형하거나 빠르게 만들거나 거꾸로 재생시킬 수 있다. 목소리가 정말 몸과 독립해 존재할 수 있는 것일까? 나는 독일어의 "독립적인(unabhängig)"이라는 단어는 영어의 "독립적인(independent)"처럼 낙관적으로 들리지 않는다는 것을 깨달았다. 어떻게 미국 사람들은 그렇게 확신에 차서 이 단어를 구사할 수 있는 걸까? 독립 기념일에 이에 걸맞은 비밀 지령이라도 받았나?

      수화기를 내려놓자마자 진화가 내 사무실로 와서 자기는 이제 집에 간다고 말했다. 우리 컴퓨터가 빈다는 것이다. 우리는 이메일을 보내고 받기 위해서 308호실의 컴퓨터를 쓴다. 나는 그곳에서 진화를 자주 보았다. 그녀의 421호 사무실에서는 딱 한 번 보았는데 이 방은 위층에 있기 때문이다. 내가 위층에 한 번 이상 가보았는지는 잘 모르겠다. 사람들은 세상이 네트워크로 서로 연결되었고, 이제 원거리는 더 이상 의미가 없다고 한다. 그러나 나에게는 이제 원거리가 아니라 근거리가 더 이상 의미가 없는 것처럼 보인다. 사람들은 바로 옆에 앉은 사람에게도 이메일을 보낸다. 세상은 진짜 네트워크로 연결이 되어 있나 아니면 어디 다친 걸까?*

      진화와 나는 문득 우리가 비슷한 옷을 입은 것을 알아차린다. 자세히 보면 진화는 까만 원피스를, 나는 까만 윗옷을 입었다. 아주 비슷해 보이는 물건들이 실제로는 완전히 다른 의미를 가질 수 있다. 데리다와 드라이라트처럼 말이다. 나는 진화에게 어디서 그 옷을 샀느냐고 물어

---

* 발음이 비슷한 "네트워크화되다(vernetzt)"와 "다치다(verletzt)"라는 단어로 만든 언어유희.

본다. 영어로 말하면 더 빠르게 말할 수 있는 질문을 던지게 된다. 그러나 그것들이 언제나 내가 꼭 하고 싶었던 질문인 것은 아니다. 하지만 그렇다고 해서 재미있는 대답을 들을 확률이 줄어드는 것도 아니다. 진화는 그 옷은 산 것이 아니라고 말한다. 그녀는 세탁소에 옷을 세 벌 맡겼다가 세 벌을 받았다. 그런데 그중 하나는 자기 것이 아니고 분명히 바뀌었다는 것이다. 그러나 세탁소 주인은 그녀의 말을 믿으려 하지 않았다. 그래서 진화는 그 낯선 옷을 입양하기로 결심했다는 것이다.

나는 말을 할 때도 그와 비슷한 느낌을 더러 받는다. 내가 말하고 싶은 단어는 다른 단어와 혼동이 되어버린다. 잃어버린 아이는 다시 나타나지 않고, 입양한 아이는 믿을 만하고 논리적이고 무엇보다 사람들이 바로 알아듣는다. 자기 친자식을 꼭 다시 찾아야 할 이유는 없다. 그러나 때로 기분 나쁜 뒷맛이 남았고 나의 말을 마비시켰다.

16시가 되었다. 나는 308호 컴퓨터실에 갔고 메일 박스에서 다른 건물 사무실에 있는 동료가 보낸 이메일을 발견했다. 다른 건물은 다른 행성이나 마찬가지다. 그녀의 행성은 E38동이고 우리 건물은 14N동이다. 나는 어디가 E38동인지 아무런 감이 없다. 캠퍼스의 건물들은 복잡한 수학 시스템에 따라 배열이 되어 있는데, 나로서는 전체적인 조감도가 잡히지 않았다.

나를 주말에 로드아일랜드주로 초대하고 싶다는 메일이었다. 미국에서 제일 작은 이 주는 나에게 점점 더 비밀스러운 도피처라는 인상을 주었다. 엄격한 청교도들의 주라 할 매사추세츠주에서는 용납되지 않는 여러 많은 종파들이 그곳에서는 살아남았다는 이야기도 들었다. 그 어떤 주보다도 뱀파이어 이야기가 많이 있다고도 했다. 나는 거기에서 늪지대를 가볼 예정이다. 거기에는—개구리, 진드기, 모기 같은—작은 뱀파이어들이 잊힌 기적과 황홀경, 주술과 마법에 대해 이야기해줄 것이다.

그 이메일에는 원하면 일요일에 새로 문을 연 코네티컷 인디언 박물관에도 가볼 수 있다고 쓰여 있었다. 독일어로 "인디언"이란 단어는 어린아이 같고 부정확하고 순진하고 그럼에도 불구하고 유혹적으로 들렸다. 나는 때로 내가 인디언이었으면 좋았을 것 같다는 생각을 하곤 했다. 그러나 내가 "아시아계 미국인"이라고 생각해본 적은 결코 없다. 내가 알게 된 대부분의 아시아계 미국인들은 기술이나 기독교에 경도되어 있었다. 나는 남몰래 인디언들에게 가까이 다가가려고 했다. 이런 점에서는 내가 이미 오랫동안 독일에서 살았다는 것이 티가 난다. 카를 마이를 본 적도 없고 바트 제게베르크의 노천극장*에 가본 적도 없지만 나는 이미 인디언이 되고 싶다는 독일 사람들의 소망에 감염되어 있던 것이다.

한번은 "트레이더 조스" 슈퍼마켓의 계산대에서 눈에 확 띄는 목걸이를 하고 있는, 머리도 길고 숱도 많은 여자 직원을 보았다. 그 여자는 손님이 없는 틈을 타 동료와 자기 전공에 대해 이야기했다. 나는 "문학" "여성" "소수자" 같은 단어들을 들었고, 질문하는 듯한 시선을 모니카에게 던졌다. 모니카는 저 여자는 "토착민(Eingeborene)"이라고 독일어로 말했다. 나는 이러한 독일어가 있다는 것조차 까맣게 잊어버리고 있었다. "네이티브 아메리칸"을 "토착민"이라고 부를 수 있다면, "네이티브 스피커"는 언어 속에서 태어난 토착민이라고 생각할 수 있지 않을까. 나는 마치 주머니에 밀어 넣어지듯 일본어 속으로 밀어 넣어져 태어났다. 그래서 이 언어는 나의 바깥 피부가 되었다. 그러나 독일어는 내가 삼켜서 몸 안으로 내려온 언어였고 그 이후로 내 배 속에 머물고 있다.

옆방에서 누군가가 복사기를 켠다. 내 메일 박스에는 아직도 스물한 개의 메일이 남아 있다. 한 여학생은 오늘 프로젝트 때문에 늦게 오겠다고 알렸다. 한 남학생은

---

* 카를 마이는 19세기 중반부터 20세기 초까지 활동한 독일의 모험 소설 작가로 미국 서부극 등으로 인기를 끌었다. 바트 제게베르크는 카를 마이의 야외극을 자주 올리는 것으로 유명하다.

자기 작품을 일주일 뒤에 제출해도 되냐고 물었다. 다른 이메일들은 나에게 개인적으로 온 것이 아니다. 어떤 동료는 영화 축제 할인표를 준다고 하고, 행정실에서는 잃어버린 열쇠에 대해 묻고, 낯선 사람이 컴퓨터 농담을 보내오기도 했다. 어떤 어머니가 일곱 살 난 아들에게 저녁 식사 준비가 끝났다고 이메일을 보냈다나. 베른트 말로는 미국에서는 한 사람이 매일 스물여섯 통의 이메일을 쓴다고 한다.

    사람들은 계속 서로 이야기를 하면서 정보를 교환한다. "커뮤니케이션" "인포메이션"이라는 단어를 들으면 나는 항상 "스타 마켓"에서 본 유제품이 생각난다. 그 제품에는 "나는 이게 버터가 아니라는 것을 믿을 수 없다"라고 쓰여 있었다. 이 제품은 버터와 상관이 없고 단지 "버터"에 달라붙은 좋은 기억만 일깨우려 한다.

    그런데 왜 내가 빵에서 버터를 빼앗도록 놔두어야 하나? 버터는 건강하지 않단다. "건강하지 않다"라는 말은 현대판 마녀사냥에서 자주 사용되는 단어다. 그들은 "지방"이라고 이야기하면서 실제로는 "악마"라고 생각한다. "칼로리"는 어쩌면 이교도들을 의미할 것이다. 설탕이 없는 커뮤니케이션이 맛이 있을까? 지방이 없는 인포메이션이 맛이 있을까? 입맛은 지성이 있는 감각이다. 파괴되지 않는 한 속지 않는다.

나는 컴퓨터실을 나와 복도에서 세토를 만난다. 세토 손에서 종이들이 버석거리는 소리를 낸다. 세토의 발소리는 거의 들리지 않는다. 그녀는 나에게 내 이야기에 등장하는 신랑이 왜 개인지 묻는다. 세토는 종종 복도에서 혹은 화장실에서 문학 이야기를 꺼내는 습관이 있다. 세토의 등 뒤로 311호의 활짝 열린 문이 보인다. 밝고 매력적이고 당당한 프랑스어 음의 여운이 방에서 터져 나온다. 그 음들은 세토의 목소리 그물로 들어가 통과해 알아듣지는 못하지만 나에게 도달한다. 갑자기 나는 세토의 영어를 알아들을 수가 없다. 영어와 프랑스어의 단어들이 섞이고 공중에서 회오리쳐서, 의미를 생산하는 듯한 소리 몸짓의 진행에서 빠져나간다. 낯선 소리들의 구름이 생성되어 내 귀 안으로 무럭무럭 들어오고 언어들의 재료들이 흘러넘치듯 밀려 나가 청각기관을 미끄러져 빠져나간다. "흘려듣다(überhören)"라는 독일어 단어가 떠오른다. 흘려듣는다는 건 듣지 못한다는 뜻이다. 그러나 "흘려듣다(overhear)"라는 영어 단어는 어떨까? 이 말은 "우연히 뭔가를 얻어듣다"라는 뜻이다. 그러니까 사람들이 지나가다 들어도 뭔가를 얻어듣는다는 말인가? "überhören"과 "overhear" 같은 쌍둥이 말이 다른 장소에서 자랐다는 이유로 거의 반대의 뜻을 가질 수 있다는 것은 기이한 일이다.

    나는 머리를 흔들어 프랑스어 조각들을 떨어내

고 세토의 목소리에 집중한다. 세토의 언어 조직들 안에는 구멍들이 있다. 이 구멍들은 휴지부와 말의 연결어, 그리고 내가 모르는 말들로 이루어져 있다.

  몇 년 전 스위스의 한 학회에 초대를 받아 간 적이 있다. 주제는 "청각 장애의 유용성"이었다. 저녁의 낭독회에서 내 텍스트는 수어로 통역되었다. 낭독회가 끝나고 어떤 여성 학자와 오래 대화를 나누었는데, 그녀는 내 말을 주로 입술의 움직임으로 읽어냈다. 그 학자는 소리가 아주 작게 혹은 전혀 들리지 않는다는 것은 자기에게는 해당되지 않는다고 말했다. 자기는 분명하게 듣지만 소리 세계의 망에는 너무나 많은 구멍이 있다는 것이다. 이 구멍으로 떨어지는 단어들을 그녀는 듣지 못한다. 불현듯 나는 나의 소리 세계에 있는 구멍들을 깨닫게 되었고, 그 이후로는 그 구멍들을 결코 잊을 수 없었다. 내가 언어를 내용 면에서 혹은 청각적으로 완전하게 이해했다고 생각해도 수많은 빈자리가 있는 것이다. 그러나 이 빈자리들은 메워져서는 안 된다. 그러면 아무것도 이해하지 못할 것이다. 의미들은 조합이 될 수 있는 자유로운 공간들이 필요하다.

  내가 사무실로 돌아가려고 할 때 휘트니가 자기 사무실인 318호에서 나온다. 그녀는 컵을 들고 있다. 그 컵에서 차 봉지의 실이 붙어 있는 작은 종잇조각이 보인다.

저 작은 종잇조각을 뭐라 부르더라? 독일어로 뭐지? 영어로는 뭐지? 도대체 이름이 있었던가? 나는 한 주 전에 여러 친숙한 물건들이 이름이 없는 것처럼 보이는 것이 얼마나 이상한지에 대해 이야기한 적이 있다. 그게 꼭 나쁜 일만도 아닌 것이 우리는 그럼에도 그 사물들을 잡을 수 있기 때문이다. 그러나 이름이 붙어 있지 않은 감정은 어떤가? 살면서 우리는 이름이 없다는 이유만으로 우리가 그걸 갖고 있다는 사실을 결코 알지 못할 것이다.

휘트니는 방금 어떤 베를린 여성 음악가로부터 이메일을 받았다고 했다. 그러나 첫 두 단어를 빼놓고는 거의 읽을 수가 없었다고 말한다. 이 두 단어는 "사랑하는 휘트니"*다. 나도 이 음악가를 잘 안다. "그럼 내가 그 음악가에게 이메일을 보내서 너에게 뭐라고 썼는지 물어볼까." 일본에는 이런 동요가 있다. 어느 날 검은 염소가 하얀 염소에게 편지를 받았는데 읽지 않고 먹어버렸다. 그다음에 후회하면서 하얀 염소에게 편지를 써서 첫 번째 편지에 뭐라고 썼느냐고 물어보았다. 하얀 염소는 이 편지를 읽지 않고 먹어버렸다. 그 염소는 나중에 후회하면서 편지에 뭐라고 썼느냐고 물어보았다. 이야기는 그렇게 계속 계속 이어진다.

* 사랑한다는 의미가 거의 담겨 있지 않은 의례적인 편지의 시작.

언어가 큰 바다를 날아서 건너갈 수 있을까? 나는 때로 빈칸이 있는 이메일을 받는다. 함부르크의 여자친구 한 명은 나에게 독일어의 변모음*은 미국으로 가다가 종종 대서양에 빠져서 실종된다고 썼다. 일본어 글자들 역시 태평양에 빠져 도착하지 못한다. 바다들은 이미 변모음과 한자로 가득 차 있다. MIT의 "해양 공학도들"은 이 글자들 전체로 무엇을 할까? 고래들이 변모음을 먹을까?

엘리베이터 쪽에서 철커덕거리는 바퀴 소리가 들려오더니 점점 커진다. 학생 몇몇이 신발 바닥 밑에 바퀴★를 달고 있다. 워크맨과 마찬가지로 이 바퀴들은 젊은 사람들에게는 자기 몸에 자라나 붙은 신체의 일부분이다. 시계를 보니 17시가 되었다. 내 학생들일 리는 없다.

나는 사무실 책상에 앉아 비트겐슈타인의 「사적 언어와 사적 경험」의 한 부분을 찾는다. 아마도 학생들과 한 단락을 같이 읽게 될 것이다. 이 텍스트에서는 고통을 언어로 매개할 수 있는지의 문제가 다루어지고 있다. 고통의 예시는 너무 집요하게 반복되어 예시로서의 기능을 잃고 말았다. 고통은 텍스트의 한가운데로 와서 독자들에게 질문을 던진다. 어떻게 고통에 대해 생각을 하지 않으면서

---

* ä[에], ö[외], ü[위] 등을 가리킨다.
★ 뒤꿈치에 바퀴가 달린 일명 힐리스 신발을 말한다.

언어에 대해 생각할 수 있는가?

"다쳤어요?" 부상, 상처, 질병, 고통에 대해 묻는 의문문. 말이 시작되는 근원적 문장. 내가 고통에 대해 이야기하는 동안 고통은 존재하지 않는다. 바로 그래서 나는 이야기할 수 있는 것이다.

한 달 전부터 나는 메모처럼 읽히는 비트겐슈타인의 단장(斷章)들에 그 어떤 때보다 더 흥미를 느끼고 있다. 절망적인 몸짓으로 그리고 쇄쇄거리는 반복 강박으로 이 언어는 언어 안으로 들어갈 수 없는 무엇을 보여준다. 이미 MIT에서 일하고 있는 만큼 나는 촘스키에 더욱 관심을 가졌어야 했겠지만.*

고통, 맛보다, 장식하다, 화장하다. 나는 세상의 거의 모든 언어를 다 이해하지 못하지만 우연히 독일어를 배웠다. 이 세상에 그렇게나 많은 다른 언어들이 있는데 비트겐슈타인도 독일어로 글을 썼다는 것은 얼마나 큰 우연인지!

독일에서 나는 항상 자국어를 외부에서 건드리는 외국인 취급을 받는다. 그에 반해 미국 학생들은 영어가 자신들의 언어인 것처럼 독일어가 나의 언어라는 것을 한 번도 의심한 적이 없다. 어디에서 혹은 언제 미국으로

---

* 촘스키는 MIT 교수로 재직했다.

이민을 왔는지와 무관하게 영어는 그들 각자에게 자신의 언어였다. 그들은 언어와 문화를 일대일 관계로 만들지 않았다. 적어도 영어는 모든 형태의 문화에 자리를 마련해줄 수 있다는 전제를 공유하고 있었다.

한번은 일본에 사는 미국계 작가인 아이번 레비가 나에게 일본 사회는 비-일본인들에게 폐쇄적이고, 일본 문화도 개방적이지 않다고 말한 적이 있다. 일본에서 유일하게 개방적인 것은 언어인데, 누구나 이 언어로 글을 써도 되기 때문이라는 것이다. 그가 한 말은 대부분의 일본인에게는 아주 공고한 터부를 깬 것이다. 일본인들은 바로 이 성스러운 모국어의 불가침성을 통해서 자신들의 민족 정체성을 보존하려 하기 때문이다.

독일에서는 외부 사람이 독일어로 글을 쓰면 안 된다고 직접적으로 주장하지 않는다. 그러나 간접적으로 언어란 소유물이어야 한다고 생각한다. 그래서 그들은 예를 들어 외국어는 모국어처럼 그렇게 잘 정복할 수 없다고 생각한다. 여기서 눈에 띄는 건 그들에게 가장 중요한 것은 정복이라는 사실이다. 내 생각에는 언어를 정복한다는 생각은 쓸데없는 것이다. 사람들은 언어와 관계가 있거나 없다.

또 다른 이들은 오로지 모국어로만 자신의 감정을 진실하게 표현할 수 있고 외국어로는 어쩔 수 없이 거짓말을 하게 된다고 말한다. 그들은 자신의 언어가 낯선 혀로 말해지는 것을 들으면 자기의 진실한 감정을 찾는 노력이 방해받는다고 생각한다.

외국어에는 유년 시절이 없다고 이야기하는 사람들도 있다. 그러나 나는 독일어에서만큼 그렇게 많은 유년 시절을 본 적이 없다. 쩝쩝거리다, 힐떡이다, 흐느끼다, 홀짝거리다 등 많은 독일어 단어들은 마치 의성법을 다루는 시처럼 들인다. 신생아에게는 모든 언어가 독일어가 나에게 들리듯 그렇게 들릴 것이다.

나의 생각은 중국어로 인해 중단이 되었다. 복도에서 두 남자의 목소리가 이야기하고 있다. 옛 가면극에서처럼 흙 향기를 풍기며, 강하고 그럼에도 유희하는 듯이 들린다. 나는 중국어를 한마디도 모르지만 말하는 두 사람이 누구인지는 목소리만으로 바로 알아챈다. 한 명은 크고 강해 보이는 중국인이고, 다른 한 명은 금발의 마른 영국인이다. 둘 다 중국어과 선생들이고 중국어로 강의를 한다. 얼굴과 언어의 관계는 자의적인 것 같다.

중국어는 요즈음 시류를 타는 언어고, 이에 반해 일본어는 그사이 유행에서 조금 벗어났다. 학생들은 대부분 외국어로 스페인어를 배운다. 독일어는 사멸해가는 소수어에 속한다.

사람들은 어떤 외국어를 배울지 선택할 수 있다.

그에 반해 모국어는 그렇지 않다. 거트루드 스타인은 다음과 같이 썼다. "나는 미국인이고, 인생의 반을 파리에서 살았고, 나를 만든 반이 아니라 내가 만든 반이 오늘날의 내가 만든 것을 만들었다." 즉 이렇게 말할 수 있다. 모국어는 사람을 만들지만, 사람은 외국어로 뭔가를 만들 수 있다고.

하지만 우리가 어떤 외국어를 배울지 정말 자유롭게 결정할 수 있을까? 내가 학교에서 러시아어가 아니라 영어를 배우기 원했던가? 중국어를 배우지 않은 것이 나의 결정이던가?

자기 모국어를 선택할 수 없다고 믿는 사람들이 자유로운 결정을 할 수 있다고 확고히 믿는다는 것은 놀라운 일이다. 미국에서는 날마다 의사 결정의 절대적 자유가 연출되고 있다. 심지어 서서 마시는 소박한 카페에서도 사람들은 독립적인 개인으로서 무수히 많은 결정을 내릴 수 있다. 손님은 "소"와 "대" 사이에서, "무지방"과 "반반" 사이에서, "디카페인"과 "보통" 사이에서 결정할 수 있다. 이 많은 개인적인 결정이 모두 끝나면 나는 항상 나의 혀를 실망시키는 커피를 받게 된다.

때로 나는 사람들은 어쩌면 결정을 내리기보다는 귀 기울여 들어야 하지 않을까 하고 생각한다. 귀 기울임을 통해 나는 나를 더 멀리 이끌어주는 진동을 발견할 수 있다. 이 움직임은 "내부"와 "외부", "해야 한다"와 "하고 싶다", "기다리다"와 "행동하다"의 구분을 알지 못한다. 귀 기울인다는 말은 복종한다는 말이 아닌데도, 많은 사람이 이를 수동적인 태도로 여기기 때문에 귀 기울여 들으려 하지 않는다.

  18시다. 책상에는 내가 도서관에서 무료로 얻어 온 에세이 쓰기에 관한 오래된 책 몇 권이 놓여 있다. '창의적으로' 글을 쓰려는 사람들을 위한 책들과 코스들이 있다. 대부분은 글 쓰는 것을 기술적인 작업으로 설명하고 있지만, 글 쓰는 것에 대한 신화는 자라고 또 자라난다. 나는 책들 중 하나를 집어서 뒤적인다. 예문이 바로 하나 눈에 들어온다. "대학 교육에서 학생들은 자유를 가지고 자신들의 수업을 스스로 구성해야 한다. 만약 강요를 받으면 그들이 중요하지도 않고 재미도 없는 독일어처럼 지루한 과목을 배워야 할 것이다. 그러면 공부할 동기를 상실하게 된다." 나는 더 읽지 않고 책을 덮는다. 이 예문이 교재에 인쇄되어 있는 것은 이상한 일이다. 보통은 미국인들은 항상 정치적으로 올바른 사람들이라 어떠한 경우에도 어떤 특정 문화 그룹을 모욕하고자 하지 않는데 말이다. 사람들은 첼란과 카프카, 벤야민, 바흐만, 또 많은 작가들이 독일어로 생각하고 글을 썼다는 것을 모르나? 이 세기를 마르크스와 프로이트 없이 상상할 수 있을까? 만약 이들이 다른 모국어를 가졌다면, 아마도 완전히 다른 책을 썼을 것이다.

나는 화가 나서 책을 밀쳐놓고 대학 신문을 집어 든다. 신문 한 면에 앨런 라이트먼*과의 인터뷰가 실려 있다. 나는 세 달 전에—그날이 이 연구소에 온 첫날이었는데—우연히 이 작가를 마주쳤던 것이 기억났다. 복도가 끝나는 것처럼 보이는 지점은 막다른 곳이 아니라 오른쪽으로 이어지면서 "글쓰기 프로그램" 과사무실로 연결되어 있었다. 나는 그 작가를 그 모퉁이에서 만났다. 글쓰기는 언어가 방향을 트는 곳에서 시작된다.

신문은 작가에게 질문을 던진다. "당신은 왜 하버드대학교를 떠나 MIT로 오셨나요?" 나야말로 이 질문에 대한 대답을 생각해둬야 했다. 그러나 그 순간 모니카의 발소리를 들었고 갑자기 영어 문장을 이해하지 못하게 되었다. 이 연구소에는 비슷한 소리를 내는 신발을 신는 여성이 두세 명 있다. 모니카는 언제나 알레그로로 걷기 때문에 다른 사람과 구별된다. 예전에 나는 이렇게 생각하곤 했다. 오로지 고양이들만이 인간을 발소리로 구별한다고. 이제 나는 내가 이전에 생각했던 것보다 훨씬 많은 것을 들을 수 있다는 것을 안다. 사람들은 수많은 소리의 원

* 미국의 이론물리학자이자 작가.

이격자

천이다. 그들은 걸어가고 넘어지고 기침하고 웃고 끙끙거리고 마시고 문을 두드리고 복사를 한다.

나는 신문을 덮는다. 몇 초 뒤에 모니카가 내 방문을 두드리고 라인 지역 사투리가 약간 섞인, 의문문 같기도 한 "좀 들어봐!"로 말을 시작할 것이다. 이 말은 지역색 이상인데, 보통 "좀 들어봐!"는 "말 좀 해봐!"보다 분명 더 강한 명령형이기 때문이다. 듣는 행위는 사람을 다른 사람의 목소리에 묶어놓는 일이고, 이것은 강제성이 있다. "들어봐!" 그것이 모니카가 나에게 정말 바라는 바로 그것인 것 같은 생각이 든다. "들어봐!" 그렇다, 나는 들을 것이다. 나는 들을 수 있는 것과 들을 수 없는 것을 모두 다 주의 깊게 듣는 일에만 몰두할 것이다.

판 이야기

비행기에 앉아 있으면 몸을 움직일 수 있는 공간이 없다. 등은 뻣뻣해지고 두 다리와 장딴지가 부어오르고 꼬리뼈도 제자리에 있지 않고 피부도 바짝 건조해진다. 혀만이 점점 더 촉촉해지고 탄력이 생긴다. 혀는 낯선 언어를 만날 준비를 한다.

   토론토에 도착했다. 토론토라는 지명을 한껏 즐기며 발음해보았다. 토론토(Toronto). 어떤 지명에서 O라는 모음이 세 번이나 나오는 것은 정말 드문 일 아닌가! 나는 이미 O가 두 번 나오는 지명에 반한 적이 있다. 그런데 세 번이라니 훨씬 더 좋다.

   정확히 말하자면 나를 반하게 만든 것은 O라는 소리가 아니라 글자다. O는 타원형 판이다.

   "토론토"란 말은 "큰물"이라는 뜻이다.

   인상도 괜찮고 키가 훤칠한, 영어를 쓰는 초청자가 마중을 나왔다.

   여행은 어떠셨나요, 그가 물었다.

   비행기에서 오래 앉아 있었더니 허리가 아파요, 내가 대답했다.

   허리의 디스크들 때문이죠, 그가 말했다.

   제 몸 안에는 디스크가 없는데요. 플로피 디스크도 없고 음악 CD도 없고 CD롬은 더더욱 없어요, 내가 대답했다.

그럴 수 있어요. 다른 언어에서는 디스크가 허리 디스크와 상관이 없을 수도요. 하지만 영어에서는 척추 안에 디스크가 들어 있어요. 사람들이 살면서 취하는 모든 몸의 자세가 그 안에 다 저장된답니다. 그리고 디스크가 허리에서 튀어나와 신경 줄을 마찰하면 매번 고통스러운 음악이 연주되지요.

    이날 나는 CD 장식장으로 변신했다.
    서른세 칸짜리 기둥형 장식장이고,
    칸마다 CD가 한 장씩 꽂혀 있는데,
    알파벳순은 아니고,
    장르들과도 무관한데,
    나는 두 손이 없는 디제이고,
    두 장의 판이 동시에 돌고 있는데,
    아니면 세 장, 네 장, 다섯 장, 여섯 장, 일곱 장인지……
    아, 울렁이고 어지럽고,
    사람들은 이제 음악을 듣지 않고,
    사람들이 듣는 것은 오직,
    어디서 부딪치고 스치는지,
    어디서 이해하기를 저어하는지,
    어디서 비틀거리고 멈칫거리는지,

어디서 웃음이 터지고 박자에서 벗어나는지,
어디서 뭔가 번쩍이는지,
토론토, 이름에 판을 세 개 품은 이 도시에서,
나는 내 척추 속의 음악을 듣고,
여행은 움직임을 모르지만, 혀를 촉촉하게
만든다. 혀가 말을 하면 몸이 변한다.

옮긴이의 말

다시 출간되는 『영혼 없는 작가』

다와다 요코의 『영혼 없는 작가』가 거의 십오 년 만에 다시 출간되면서, 「옮긴이의 말」을 또다시 쓰게 되었다. 이런 기쁜 일은 좀처럼 없기에, 더욱 반갑다. 우리는 흔히 작가를 그 나라 문화권을 대표하는 '영혼'이라 생각한다. 톨스토이나 도스토옙스키를 러시아의 영혼이라 부르듯 말이다. 그런데 다와다 문학의 핵심적 특징을 보여주는 "영혼 없는 작가"라는 제목은 많은 생각을 불러일으킨다. 작가에게 영혼이 없다니, 뭔가 기구한 사정이 있는가 싶은 생각도 들고, 혹은 나라나 사회의 영혼을 대변하는 작가가 그 역할을 못 하고 있다는 비판인가 싶은 생각도 들지만, 작가는 차원을 달리하여 이야기한다. 오늘날 긴 여행 중에 영혼은 비행기나 기차를 타고 빠르게 이동하는 몸을 따라가지 못해 분실되는 사태가 종종 발생한다는 기발한 발상은, 사실 인디언 책에서 비롯된 것이다. 다와다에게 일본어와 독일어로 글을 쓴다는 것은 경계를 넘나들며 쓰는 과정에서 한 언어에 얽매인 사고를 풀어내고, 다양한 언어와 문화 그리고 사유를 받아들인다는 것을 의미한다.『해외의 혀들 그리고 번역』에서처럼, 작가는 많은 외국어를 보고, 듣고, 인지하면서 의미를 새롭게 상상해낸다. '심부름꾼'이 전달해야 하는 말은 일본어와 독일어 사이에서 음과 글과 뜻 사이에서 부유하고 있다. 이렇게 뜻에 얽매인 단어들을 풀어내면, 데리다와 '드라이라트(세발자전거)'는 그리 멀리 있지 않다.

      2011년 이 제목으로 책이 처음 출간되었을 때는 국내에 이 작가와 작품을 처음 소개하는 일이었기에,「옮긴이의 말」에 작가 전반과 작품의 일반적인 특징에 대해 썼다. 그 이후 이 책을 읽은 독자들이나 작가들을 의외로 많이 만나 흐뭇했던 기억이 있다. 번역을 처음 맡았던 시절만 해도, 출판사가 작가로부터 직접 판권을 구입해 번역할 수 있었다.『영혼 없는 작가』초판은 세 권의 책에서 번역 가능한 좋은 작품들을 발췌하여 번역한 것으로, 작가는 일하기 편하도록 좋은 조건으로 수락하며 격려해주었다. 하지만 그사이 작가의 위상은 계속 높아졌고, 판권 계약 중개도 에이전시가 맡는 정상화 과정을 거쳤다. 그 결과 절판되었던 이 책을 다시 출간하려면 세 권에 대한 저작권료를 지불해야 했기에, 한국어로 다시 이 책을 접하는 건 어려울 것이라 생각했었다. 2025년, 올해 작가가 다시 한국을 찾았을 때는 이미 세계적으로도 인정받는 작가로 자리매김했으며, 한국에서도 독자층이 두껍게 형성되어 있었고 작품들도 널리 알려져 있었다. 먼저 재번역을 제안해온 출판사의 편집진 역시 다와다에 대해 잘 알고 있었고, 책을 꼼꼼히 읽고 잘 아는 사람으로서 세심하게 검토하는 분위기로 바뀌었다.

  그간의 변화 중 무엇보다도 반가운 점은, 일본어와 독일어 두 언어로 활동하는 이 작가에 대해 한국의 일문학계에서도 관심을 갖고, 번역이 속속 나오고 있으며, 관련 연구 논문들도 많이 발표되었다는 사실이다. 작가가 두 언어로 글을 쓰며 경계를 넘나들듯, 독자들이나 연구자들도 독일어 번역본과 일본어 번역본의 차이를 살펴보며 그 경계를 함께 넘나들면 어떨까. "원본 없는 번역"이라는 작가의 말처럼, 번역본은 끝없이 새로운 텍스트들을 생성해낸다. 그 가운데 독자들도 같이 글을 쓰고 있을지도 모른다.

새로운 작품들

이 책에 실린 작품들은 다와다 요코의 초기 산문 작품들로, 『유럽이 시작하는 곳』(1991), 『부적』(1996), 『해외의 혀들 그리고 번역』(2002)이라는 작품집에 수록된 텍스트들이다. 이 작품들의 특징은 모두 산문이며, 에세이에 가까운 형식을 띠고 있다는 점이다. 다와다 요코의 문학은 일본어 작품과 독일어 작품이 주제, 형식, 문체 면에서 뚜렷한 차이를 보인다. 일본어 작품이 스토리를 갖춘 본격 문학에 가깝다면, 독일어 작품은 작가가 문화 간 차이를 발견하고 이를 주제화한 에세이적 성격이 강하다. 조용하지만 새로운 시각에서 날카롭게 지적하는 문화적 차이에 대한 통찰은 언제나 전환점을 만들어낸다. 작가의 일상적 관찰을 따라가다보면, 말 그대로 허를 찌르는 순간을 만난다.

      예를 들어, 다와다는 이렇게 말한다. "사람들은 세상이 네트워크로 서로 연결되었고, 이제 원거리는 더 이상 의미가 없다고 한다. 그러나 나에게는 이제 '원거리'가 아니라 '근거리'가 더 이상 의미가 없는 것처럼 보인다. 사람들은 바로 옆에 앉은 사람에게도 이메일을 보낸다." 작가는 시대상 진단에 동의하는 듯 보이지만, 어떤 지점에서는 바로 그 논리를 되받아 정반대의 소외된 현상을 드러낸다. 이 점이야말로 다와다 문학의 묘미가 아닐까?

      이번 번역에서 가장 달라진 점은 『부적』에 실린 작품들이 모두 번역되었다는 사실이다. 이 작품집은 다와다의 대표 산문들이 다수 포함된 것으로 평가받아왔는데, 여기에 덧붙여 나머지 작품들도 새롭게 번역되었다. 새로 추가된 작품은 다음과 같다. 「로텐부르크 옵 데어 타우버:

독일 수수께끼」, 「책 속의 책: 사전 마을」, 「사랑의 광물학」, 「로포텐에서 쓴 메모들」, 「고트하르트의 배 속에서」, 「일요일 — 쉬는 날, 소의 날」, 「귀신들의 소리」, 「번역가의 문 또는 첼란이 일본어를 읽는다」, 「나무에 대해서」 등.

  이 모든 작품은 다와다 문학의 정수를 보여주며, 언어에 대한 작가의 세심하고 민감하고 다정한 시선을 잘 드러낸다. 제목에서부터 서로 어울리지 않는 사물들을 결합해 새로운 의미와 이미지를 탄생시키는 유머러스한 방식은 다와다식 하이브리드의 원형을 보여준다. '사전'과 '마을', '사랑'과 '광물학', '고트하르트터널'과 '생물의 배'를 연결하다니! 사전에서 단어들이 빠져나와 새로운 이야기들을 만들고, 몸을 암석에 빗대어 주름진 층을 상상하고, 터널을 통과하는 걸 배에 들어가는 것으로 비유한다면, 정말 많은 것을 새롭게 보고 듣고 상상하고 이야기할 수 있을 것이다.

  새롭게 들어간 단편들 가운데 첼란 번역을 다룬 이야기는 정말 압권이다. 우리는 늘 발터 벤야민을 인용하며, 원작이 번역을 통해 새로운 빛을 받고 '사후 생'을 산다고 말하곤 한다. 그런데 이 작품에서는 일본어 번역본의 한자에 들어간 부수 문자를 하나하나 들여다보며 첼란의 원작 시와 연결시키고 다시 새롭게 읽어내는 다와다의 독창적인 시 해석이 돋보인다. 이러한 차이를 감지하고 언어간 감각을 일깨우며 시를 읽어내는 과정에서 다와다 특유의 철학적 상상력과 미학적 실험 정신이 빛난다.

새로운 변화

다와다 요코는 오랫동안 사회나 정치에 큰 관심이 없는 작가로 알려져 왔지만, 최근에는 그 이미지가 확연히 달라졌다. 실제로 2011년 후쿠시마 원전 사고 이후, 작가는 환경 문제, 사회 문제, 지구적 문제에 보다 적극적으로 관심을 갖기 시작했다. 특히 일본어로 쓴 문학작품들에서 그 점이 더 분명하게 드러나, 그 작품들은 '재해 문학'이라는 장르에 귀속되기도 한다. 『헌등사』나 '히루코 3부작'이 그 대표적 사례다.

그러나 이러한 문제의식의 씨앗은 이미 오래전부터 있었고 독일어 작품들에서도 꽤 분명하게 드러난다. 대표적으로 『눈 속의 에튀드』에 실린 곰 이야기 세 편은 구소련에 대한 비판에서 출발해 구동독, 캐나다, 서독을 거쳐 오늘날 독일 사회의 문화에 대한 비판으로까지 이어진다. 특히 베를린 동물원의 곰 크누트를 다룬 세 번째 이야기는, 현대사회가 스스로를 얼마나 '인도적'이라고 착각하면서 동물을 대우하는지를 유머러스하고 멜랑콜리하게 그려낸다.

『영혼 없는 작가』에 실린 작품들에서도 이러

한 비판 의식이 드러나는데, 바로 다와다 문학의 초기부터 일관되게 흐르는 언어와 정체성, 국가주의의 폭력성을 문제 삼는 비판적 인식에서 그러하다. 때로는 유머를 통해, 때로는 진지한 성찰로, 때로는 은유나 비유를 통해 돌려 말하며, 경직되고 닫힌 사고에 균열을 낸다. 「귀신들의 소리」에서 누군가 바흐를 독일 음악이라고 무심히 주장한 사례는 '우리'라는 범주를 암묵적으로 전제하며 그렇지 않은 사람들을 경계 밖으로 몰아내 타자로 만드는 언어적 장치로 기능한다. "모어를 유창하게 말하는 사람들"에게 느끼는 텅 빈 수사에 대한 구역질은 「통조림 속의 낯선 것」에서뿐만 아니라 이후의 여러 작품에서 반복되는 것처럼 민족주의, 집단주의를 향한 것이다.

지금, 작가는 올해 말 출간 예정인 새로운 책에 몰두하고 있다고 한다. "인간 없는 사건"이란 제목으로, (인류세에 역설적으로) 인간이 아니라 사물이 말을 하는 세계를 상상한다고 한다. 한 남자의 러브 스토리를 사물들을 통해 이야기하는 소설이라니. 과연 어떤 내용을 어떻게 담아 무슨 메시지를 줄 것인가?

다와다 요코 문학의 새로운 여정은 이제 세상에서 인간 없이 다시 시작된다. 이 낯설고 신선한 실험은 독자에게 언어와 세계, 그리고 다양한 존재들, 감각들, 경계들에 대한 새로운 차원을 펼쳐줄 것이다.

옮긴이 최윤영

서울대학교 독어독문학과 교수. 서울대학교 독어독문학과를 졸업하고 독일 본대학교에서 박사 학위를 받았다. 다와다 요코를 한국에 처음 소개했으며, 관련 연구서인 『엑소포니, 다와다 요코의 글쓰기』를 펴냈다. 지은 책으로 『한국문화를 쓴다』 『서양문화를 쓴다』 『카프카, 유대인, 몸』 등이 있으며, 옮긴 책으로 『영혼 없는 작가』 이외에 『목욕탕』 『눈 속의 에튀드』 『어느 아이 이야기』 『이상한 물질』 『문화와 문화학』 등이 있다.

영혼 없는 작가

1판 1쇄 2025년 8월 27일
1판 2쇄 2025년 9월 15일

지은이 다와다 요코
옮긴이 최윤영

책임 편집 허정은 | **편집** 허영수
표지 디자인 스튜디오 유연한
마케팅 이보민 손아영

펴낸곳 (주)엘리 | **펴낸이** 김정순
출판등록 2019년 12월 16일 제2019-000325호
주소 04043 서울시 마포구 양화로 12길 16-9(서교동 북앤빌딩)
전화 02-3144-3123 | **팩스** 02-3144-3121
전자우편 ellelit.book@gmail.com | **인스타그램** @ellelit2020

ISBN 979-11-91247-56-5 03850